議会は踊る、されど進む

民主主義の崩壊と再生

谷隆一

ころから

「わたしが投票しなくても――」というすべての人に

国政選挙から地元の市議会選挙まで、選挙のたびに報道されることがある。「誰が政治家になっても同じ」「投票したい人が出ていない」「わたしが投票しなくても結果は変わらない」といった「町の声」だ。

その気持ちはよく分かる。私も以前は、そんな「町の声」を発する一人だった。しかし今は違う。地域紙を発行するという職業柄とはいえ、地域の政治を眺め見てきたことで、「わたしが投票しなくても」という思いは、「わたしが投票しなければ」という危機意識に変わった。特に、2010年から14年までの4年間――すなわち、民主党などによる政権交代があり、3・11を経て、第二次安倍政権が誕生したころに東京都のベッドタウン・東久留米市で起こった市政を見てからは。

この4年間の市政については、もっと広く知られていいと思う。民主党ブームの後押しを受けてリベラル派市長が誕生するも、国政における民主党政権と同じように重要公約をあっさり覆し、迷走を始める。挙げ句は、通年予算が成立せずに専決処分をする、副市長だけでなく教育長すら選任できない、市長や市職員が決算委員会を退席する、任期中に5度もの市長への辞職勧告が決議される――といった異常事態が繰り広げられた。

そのいずれもが地方自治の根幹に関わる問題だが、とりわけ通年予算の専決処分は深刻だ。これは、約388億円の予算が市長一人の判断で決められたことを意味している。そんな民主主義がどこにあるだろうか。

最大の原因は、どちらも「民意」によって選ばれた市長と議会が対立したことにある。

もともと少数「与党」でスタートした馬場一彦市長（当時）は、就任半年後の公約――しかも、「一丁目一番地」と言われた大型商業施設誘致（イオン）反対――違反をきっかけに強烈な議会の抵抗に直面していく。その結果、さらに「与党」勢力を減らし市長は「野党」寄りの政策に方向転換していくが、その転身もまた「政治姿勢がぶれている」として責め立てられていった。

しかし、年4回の定例会全てで通年予算が否決されるなど、もはや市政がレームダックであることは明らかな状況になっても、メディアが騒ぐことはなく、市民は立ち上がりもせず、議会は不信任決議をせず、市長自身は辞職することもないまま、市長の4年の任期が満了した。

本書は、その4年間を中心に、東久留米市で何が起こったのかを記録し、そして「どうすればよかったのか」という、ささやかな処方箋を記したものである。しかし、単に一自治体の話ではなく、選挙や地方自治、すなわち「民主主義のありよう」を考える際に得られるヒントはいくつもあると思う。

2014年12月、安倍晋三首相による突然の衆議院解散により、衆議院総選挙が行なわれた。「大儀なき解散」などと呼ばれ、争点不明のまま投票日を迎え、結局は、52％台という戦後最低の投票率で現政権が信認された。

解散直後は、「党利党略のための解散であり、このような横暴な政治に国民がお灸をすえなければいけない」といった論調もあったが、蓋を開けてみれば、国民の側にはお灸をすえる気などさらさらなかったということがはっきりした。新聞などの報道を見ると、投票に行かなかった人たちは「最初から結果は決まっている」「投票したい政党・候補者がいない」などと選挙そのものの無意味さを口にしている。投票日前に自民党がかなり優勢であることが報道されたことも大きく影響し、政治への不信感から、多くの人の棄権につながった。

このような「無関心」は、はたしてどういう結果をもたらすのだろうか。その答えを探すとき、もしかしたら、大きすぎて捉えにくい国政よりも、身近で俯瞰しやすい地方政治のほうが見えやすいという面があるかもしれない。少なくとも東久留米の事例は、市民の無関心がどういう状況を招くのかを示唆しているように思う。

本書は、大きく分けて第一部と第二部で構成されている。

第一部は、東久留米でなにが起こったのか、その原因はなんだったのかを、「市長」「財政」「市議会」「市民」「選挙」という5つの観点から整理した。文中、同じ事柄が繰り返される場合があるものの、構成上のこととご容赦いただきたい。

また、第二部では、東久留米のように市長と議会の膠着状態が続いたときの〝処方箋〟を求め、共産党員市長が16年の長期政権を築いた狛江市の事例と、住民発での住民投票を実現した小平市の事例を記した。

タイトルの副題にあるように、第一部では「民主主義の崩壊」を、第二部では「その再生」のヒントを描いた形になるが、やや冗長にならざるを得ない第一部から順序立てて読んでいただけることを願っている。

◇

ところで、私自身について自己紹介しておく必要もあるだろう。

私は現在、東久留米市・小平市・西東京市という東京・北多摩エリアで「タウン通信」という地域情報紙を発行している。地方自治の少しでも役に立てればという気持ちで続けてきた。

取材するときには常に、「地域で起こっていることは国でも起こる。国で起こっていることは地域でも起こる」という意識を持つように心がけている。言うまでもないが、私たちの生活に影響する政策のほとんどは国によって決められる。その「中央」で決められた政策を実践するのが「地域」だ。つまり地域は現場であり、その現場に立つことで、課題解決のヒントが見えてくる。とりわけ、戦後日本の人口増の受け皿となったベッドタウンは国とほぼ同じ人口構成となっており、その「縮図」として捉えることができる。その意味でも、本書で紹介する東久留米や小平の事例が、決して一自治体の固有の事例で終わるものではないということを、今一度強調しておきたい。

本書が全国で広く読まれ、「わたしが投票しなくても――」と思ってきた人たちの気持ちがほんの少しでも変わるきっかけになればと願っている。

【凡例】

●市議会議員及び市長が所属する政党・会派については、原則として政党名ではなく、会派に基づき「系」という表記で統一した

●地方自治体には都道府県・市区町村があるが、地方自治法に関連する部分などでも、文中は「市長」「市議会」で統一した

●「イオン問題」に関連し、東久留米市議会などでは「イオン誘導」と呼ばれてきたが、本書では「誘致」で統一した

●東久留米市南沢で開業している店の正式名称は「イオン東久留米店」及び「イオンモール東久留米」だが、本書では特に必要でない限り、「イオン」の名称で統一した

●直接選挙によって首長・議員が選ばれる地方議会では「与党」「野党」はないとも言われるが、首長の所属政党・会派及びその支持・不支持をもとに、「与党」「野党」という表記を行った

●原則として敬称を略している

目次

「わたしが投票しなくても――」というすべての人に　3

東久留米・周辺図　14　関連年譜　25

第一部 政権交代のち公約違反……17

【プロローグ】「めぞん一刻」の町の失敗　19

【第一章】迷走する市長　26

イオン問題の出発点……26
イオン反対派の先頭に……27
用地変更の裏事情……30
住民に寄り添う市長像……32
就任直後の変節……34
判で押したような答弁……36
鳩山内閣退陣との共通点……40
一丁目一番地の迷走……44
20年にわたる保育民営化問題……47
「理念なき民営化は白紙に」……49

「民営化が唯一の選択肢」…… 52
公約されたコミュニティバス…… 54
「お金がない」の無責任さ…… 56
教育長と副市長の不在…… 58
異例の市長「糾弾」…… 60
決算委員会の退席…… 63
裏切りの情報公開拒否…… 69
政治不信への一歩…… 72
ボイコットされた説明会…… 74

【第二章】縮小する財政 77

挫折した馬場の「理念」…… 77
ゆとりなき市財政…… 80
4倍増の社会保障費…… 83
「イオンのため」の市道建設…… 85
中止の賠償額に10億円?…… 87
「三位一体改革」がもたらした民営化…… 89
ブレた原因はなにか?…… 91

【第三章】踊る市議会 93

「少数与党」の悲哀…… 93
異例の暫定予算案…… 95

最初のつまずき…… 97
スケジュールありきの議会…… 99
修正なき予算案、そして専決へ…… 101
違法な専決処分…… 103
「仕方なく専決処分にした」…… 107
分裂した「与党」…… 109
踏襲されなかった「前例」…… 111
法的拘束力のない辞職勧告決議…… 115
問われた議会の本気度…… 117
「市政は停滞していない」…… 121

【第四章】傍観する市民 126

異議を唱えなかった市民…… 126
「地元の人」と「お客さん」としての新住民…… 127
「地元の人」を結集した自民党…… 129
左右へと揺れる市長選…… 131
立ち上がった市民の挫折…… 133
自民党員からも愛された革新市長…… 136
再び「地元の人」が市長に…… 137
イオン誘致と反対運動の始まり…… 138

【第五章】風に流される選挙 155

街を変えた大店法廃止……141
活力を失った地元商店会……145
「イオンいらない」ステッカーの登場……147
出店反対リーダーの「変節」……149
「住民」はいるが「市民」のいない街……151
「断腸の思い」からの不出馬……155
「反馬場」で一致した市長選……158
3人に2人が棄権した意味……160
ベッドタウン――その二つの意味……163
無責任が生む「第三極」……165

第二部 地方自治再生のための処方 167

【第六章】支えられた市長 169

ベッドタウンの共産党市長……169
市職員にそっぽを向かれた一期……170
10年不在だった副市長……174

【第七章】立ち上がる市民 192

ターニングポイントの「宣言」……175
「予算通せ運動」の始まり……177
プラスもマイナスも情報を公開……180
周知徹底よりも市民の「理解」を……182
公立保育園を守るための変化……184
市長の哲学と説明責任……186
「うっかり革新」の限界……188
「予算通せ運動」が築いた長期政権……189
都内初の住民投票——小平市の実例……192
「ホタルの夕べ」を壊す都道計画……193
開票されなかった民意……197
市報の配布も禁止……198
多数決に頼らない合意形成……200
「市民参加」を掲げた市長の打算……202
公明党のジレンマと市議会の判断……205
投票率50%の高いハードル……207
究極の後出しじゃんけん……209
行政と一体化する市議……211

「市民はどうせすぐ忘れる」…… 213
市民負担に納得するために…… 216
決定過程での市民参加を…… 217
使える「ルート」を増やす…… 219
不安なとき、誰かと話せること…… 222
「地域ネットワーク」の取り組み…… 226
木造アパートで生まれるソーシャル・キャピタル…… 230
ある日はボランティア、ある日は利用者の関係…… 234
サザエさん社会からドラえもん社会へ…… 237
100メートル四方からの働きかけ…… 241
「小さな枠組み」からの体質改善…… 242
【報道の章】エピローグとして 245
あとがき 248

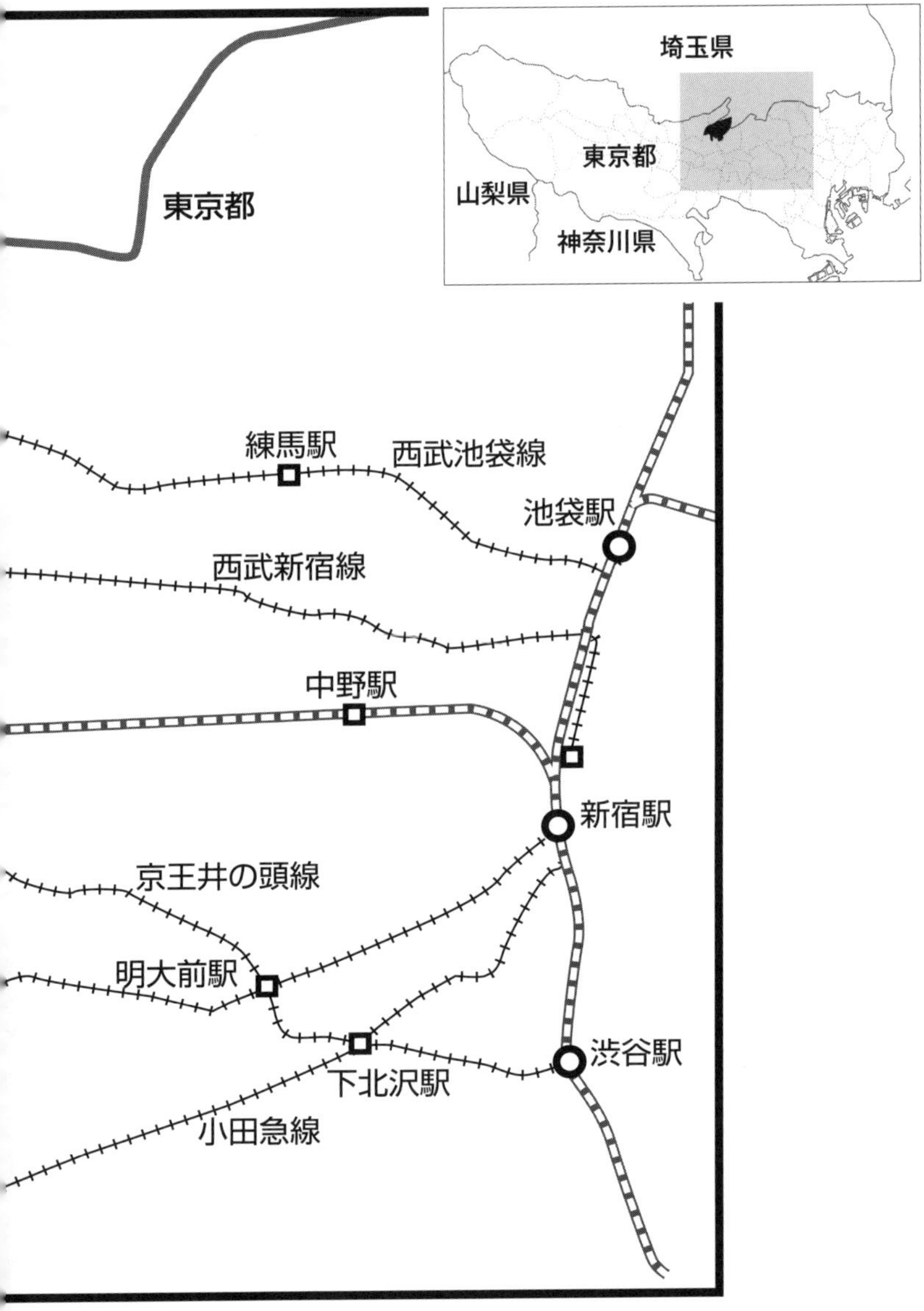
東京都
埼玉県
東京都
山梨県
神奈川県
練馬駅
西武池袋線
池袋駅
西武新宿線
中野駅
新宿駅
京王井の頭線
明大前駅
下北沢駅
渋谷駅
小田急線

東久留米・周辺図

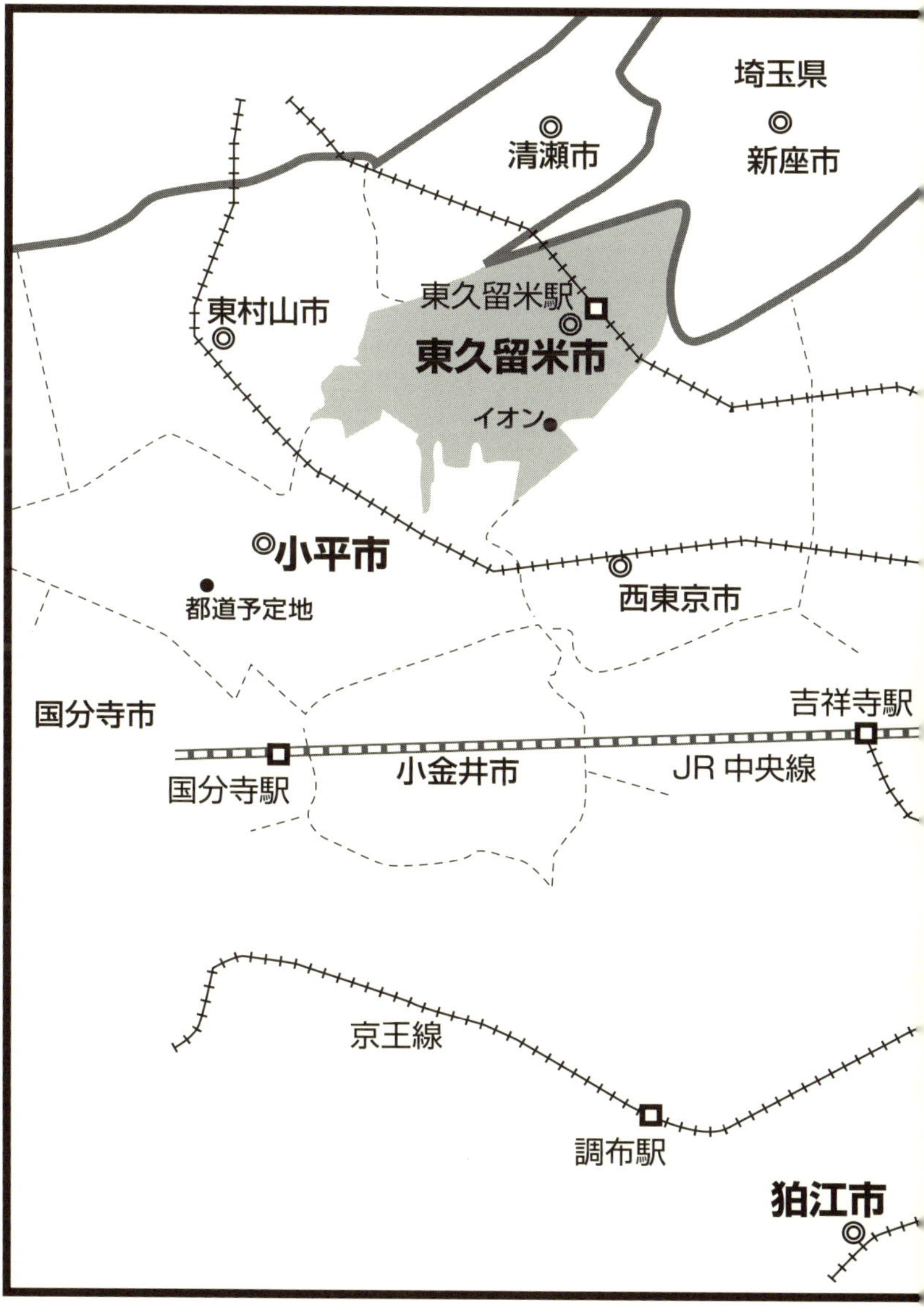
埼玉県
清瀬市
新座市
東久留米駅
東村山市
東久留米市
イオン
小平市
西東京市
都道予定地
国分寺市
吉祥寺駅
国分寺駅
小金井市
JR 中央線
京王線
調布駅
狛江市

第一部

政権交代のち公約違反

【プロローグ】「めぞん一刻」の町の失敗

「東久留米市」と聞いてイメージが沸かないという人は、全国はもちろん東京都内でも少なくないかもしれない。市内に特徴的な建造物があるわけでもなく、全国に知られるような歴史遺物や名産品があるわけでもない。人口は11万6485人（2014年末現在）。多摩地域（区部を除く市町村のこと。旧北多摩郡、西多摩郡、南多摩郡を合わせて「三多摩」ともいう）にある26市の中では平均的な人口数だが、約900万人が暮らす23区の陰に埋もれる印象も拭えない。

市内にある駅は東久留米駅ただ一つ。この駅から都心にアクセスする池袋駅までは約20分。1日の乗降者数は平均で約5万人。東久留米駅は「関東の富士見百景」にも選ばれており、山頂と夕陽が重なるダイヤモンド富士を観測できる12月中旬には多くの写真愛好家でにぎわう。

しかし、一部の写真愛好家の間で有名な東久留米駅も、全国的な知名度は高くない。強いていえば、その北口駅舎が名作漫画として名高い『めぞん一刻』（高橋留美子）の舞台となったと指摘すれば、ピンと来る人もいるだろうか。

時計坂駅のモデルになったとされる北口駅舎は2010年に取り壊されたものの、駅周辺には『めぞん一刻』の連載時（1980〜1987年）とあまり変わらない風景が点在する。例えば、遊歩道のある川が流れ、その上に架かった鉄道橋を私鉄が走る光景。あるいは、住宅と畑が混在する風景だ。一口にいえば、川や畑や雑木林がすぐそばにある、のどかな住宅街である。

周囲を西東京市、小平市、清瀬市、東村山市と接し、北東部は埼玉県（新座市）との県境となる。都内の4市とは旧北多摩郡という縁もあり、いまも多摩北部都市広域行政圏協議会を組んで、環境対策や地域活性化・文化イベントの主催、図書館の相互利用促進などを行っている。2012年に「世界で最も先進的なプラネタリウム」としてギネスブックに登録された多摩六都科学館（西東京市芝久保町）も、この協議会によって設置された施設である。

数少ない自慢のスポットと言えるのは、落合川の南沢湧水群だろうか。2008年選定の「平成の名水百選」（環境省）に都内で唯一選ばれ、1日に約1万トンもの湧水があると言われる。その清流の周辺には雑木林や竹林が広がり、都内とは信じられないほどの自然を残す。その地は、アニメ映画「河童のクゥと夏休み」（2007年、文科省特別選定作品）の舞台にもなった。2010年12月には「湧水保全フォーラム全国大会inひがしくるめ」も開催されており、秋篠宮殿下も臨席されている。

このような住みやすい町は、戦後の高度成長期に、必然のこととして人口を急激に膨らませていくこととなった。その受け皿として一翼を担ったのが、次々と造成された団地である。

1959年に日本住宅公団（現UR）によって造成が始まった「ひばりが丘団地」は、国内最大級かつ先進的な団地造成として注目を集めた。1960年には皇太子・皇太子妃（当時）が視察に訪れ、話題にもなっている。

これに続き、東久留米では、東久留米団地（1962年〜）、滝山団地（1968年〜）、久留米西団地

（1969年～）などが続々と造られる。この結果、東久留米の人口は急増し、久留米町だった時代、「日本で一番人口の多い町」とも言われるようになった。1970年に市制施行。この頃の町の雰囲気は、少年期にひばりが丘団地や滝山団地にも暮らした政治学者・原武史の一連の著作に詳しい。中でも講談社ノンフィクション賞に選ばれた『滝山コミューン1974』（講談社）は、当時の団地の子どもたちの様子を生々しく伝える。

団地に移り住んでくるのは20代、30代を世帯主とする家庭が大半。団地の周辺には商店街ができ、学校や幼稚園・保育園、公共施設なども次々と作られていった。行政はインフラ整備に追われたが、右肩上がりの経済状況の中、財政的にはやりくりができた。

このようにして地域は急激に拓かれていったが、2000年代に入り、はたと立ち止まる。経済成長は止まり、建設した施設には維持費がかかり、何より、少子高齢化が市の財政を直撃したからである。20代、30代を世帯主とする家庭が急激に増えた町では、当然、その40年後に、60代、70代を世帯主とする家庭が多くなる。その子どもたちが家庭（東久留米市）を出ているケースも多い。端的にいえば、これまで市の財政を支えてきた担税世代が一気に福祉などの受給者に変わっていったわけだ。財政的には、市税が減少し、扶助費が増える、ということになる。

このような状況で、2003年に財政危機宣言が発せられ、その対策として「7つの方針」が示される。公立幼稚園の抜本的な見直し（廃園も示唆）や、公立保育園の民営化、児童館などの民間委託化などである。

この頃、国では小泉純一郎首相のもと、「聖域なき構造改革」が進められていた。そして、「官から民へ」「中央から地方へ」といった、いわゆる小さな政府への転換が図られている。

東久留米で改革を進めたのは自民系の野崎重弥市長ということもあり、それは小泉流の「小さな政府」の方針に見事に呼応したものとなった。

そして、保育園の民営化など行政のスリム化をはかる一方で、東久留米市政は、町中の遊休地への大型ショッピング施設の誘致を計画する。第一部の一章で詳述するが、ここには、民間の力を生かして景気浮揚（税収増）させたいという狙いがある。これもまた、市場原理主義の現れの一つと見てよいだろう。

しかし財政再建への急激な方向転換に少なからずの市民が戸惑った。

とりわけ、違和感の対象となったのが、大型ショッピング施設の誘致である。前述のように、東久留米に移り住んできた人々は、自然が残り、かつ都心に出やすいという環境に惹かれてこの町を選択してきている。町中に大型ショッピング施設を必要とするものではない。

住環境が侵される、地域経済が壊される——そんな危機意識から、大型ショッピング施設建設予定地の周辺住民を中心に、大規模な反対運動が起こる。市内の商店会も反対運動を行い、この問題は、住民を二分する大きな争点となっていった。

これに並行し、子育て世代を中心に、行政への不満も高まっていた。先に述べたように東久留米市政は子育て関連にも改革のメスを入れる。これにより、野崎市長の任期（8年）の間に、3園あった公立幼稚園は全廃、9園あった公設公営保育園のうち2園の民営化が進められている。また、2002

年11月には学校再編成計画も打ち出されており、野崎市長の任期中に小学校で1校が閉校、さらに2校の閉校が示されていた。

これらに対しての保護者の反発は凄まじく、分かりやすいところでは、「上の原保育園民営化にあたって、保護者の意見を反映させる方策を求める請願」が、8261筆の署名を添えて議会に提出されるなどしている（不採択）。

この頃、国政では2006年9月に小泉首相が退陣、その座は安倍晋三、福田康夫、麻生太郎と引き継がれるという経過をたどった。しかし、安倍、福田と2代続けて放り出すような形で退陣したこと、国民の間で二大政党制への期待が高まっていったこと、そして行き過ぎた市場主義への反発が強まったことなどから、自民党への支持は揺らいでいった。そして2009年8月、ついに民主党が政権交代を果たす。

こうした状況の中で、東久留米では、同年12月の市長選挙を迎える。

このとき、日本中に政権交代の余韻があり、お粗末な政権運営にも、「まだ始まったばかりだから」と民主党を見守る雰囲気が漂っていた。人々のこうした期待感をうまく取り込んでいったのが、市議会議員として3期を務めてきた馬場一彦（39・当時）である。社民系の会派に属して議員活動をしてきたが、民主党の推薦を獲得し、市長選挙を戦う。公約に「市民参加で大型ショッピング施設の誘致計画を見直す」などを掲げ、前・野崎市政への対立姿勢を鮮明にしていた。

一方、その対立候補となったのが、野崎の後任として立った、やはり市議を3期務めた並木克巳である（2014年1月から市長）。3選が期待された野崎は体調不良により出馬を断念。その後を同じ自民系の並木に託した。並木の主張はシンプルで、「行財政改革の手を止めない」というものである。国政の雰囲気では民主党推薦の馬場に風が吹いていたが、一方でこの頃の地方行政の大きなトピックに北海道夕張市の財政破綻があった。2007年3月に財政再建団体に指定された夕張市を見て、「自治体も財政破綻するのか」と認識を新たにした人は多い。野崎市長による財政危機宣言が2003年に出されたときには戸惑っていた人々も、夕張市の現実を見聞きすることによって、改めて野崎市長を評価するようになっていた。

その両者による一騎打ちは、価値観が真っ向から対立し、どちらが勝つのか見通しのつかない激しいものとなった。

最終的に1464票差（総投票数の3・8％）で馬場が勝ったのは、それだけ民主党への期待感が人々の間にあったということなのだろう。繰り返しになるが、この選挙は、同年8月の国政選挙をなぞる面が大きかった。小さな政府を指向し、市場原理主義を持ち込む行政に対して、福祉の充実や住環境の維持を求める人々。民主党が用いた「コンクリートから人へ」というフレーズは、町中に大型ショッピング施設を造ろうとする行政へのノーと見事に重なった。だからこそ、就任後に馬場が大型ショッピング施設誘致計画に対してどのように手を打っていくのか、馬場への支持・不支持を問わず、市民の関心が集まった。

そのようにして、2010年1月からの馬場市政が始まる。

東久留米と全国の政治関連年表

年月	東久留米のできごと	全国のできごと
1970年10月	市制施行。直前には「日本一人口の多い町」だった	
2003年 8月	野崎元市長が「財政危機宣言」	
2009年 8月		総選挙で民主党が圧勝。社民党、国民新党との連立で政権交代へ
2009年12月	市長選で馬場一彦がイオン誘致見直しなどを公約に初当選	
2010年 1月	馬場市長が就任	
2010年 5月		普天間基地移設問題から社民党が連立政権を離脱
2010年 6月	馬場市長がイオン誘致へ転向	鳩山が首相辞任。菅内閣が誕生
2011年 3月	馬場市長が保育園民営化推進へ転向。議会が通年予算を否決	東日本大震災発生。福島第一原発では相次いでメルトダウン
2011年 8月		菅首相が退陣。野田内閣誕生
2011年12月	馬場市長が公約のコミュニティバスを断念表明	
2012年 3月	議会が通年予算を否決し、市長辞職勧告を決議	
2012年 6月	議会が2度目の辞職勧告を決議	
2012年 9月	3度目の辞職勧告を決議	大阪維新の会が国政政党「日本維新の会」を結成
2012年12月	4度目の辞職勧告を決議。馬場市長が2012年度予算を専決処分	総選挙で民主党が大敗。自公が政権復帰
2013年 3月	議会が市長による専決処分を不承認。同時に5度目の辞職勧告を決議	
2013年 4月	イオン東久留米店など関連施設がオープン	
2013年 6月		東京都知事選で自民党が圧勝
2013年10月	決算委員会を馬場市長と市職員が一斉に退席	
2013年12月	市長選に馬場市長が出馬せず、保守系候補が当選	猪瀬直樹都知事が辞任
2014年 1月	馬場市長が正式に退任	

イオン問題の出発点

讃岐うどん、ラーメン、カレー、海鮮丼、親子丼、パスタ――イオンモール東久留米のフードコートは、約600席を有し、平日でも昼時は席の半数以上が埋まる。乳幼児を連れた若い母親のグループが目立つ。思い思いにメニューを選べるため、集まって食事をするのに好都合なのだ。座席数が多いため、適度にゆとりがあり、急かされる雰囲気もない。のんびりと午後のひとときをここで語らうことができる。

駐車場・駐輪場が無料というのも、利用者にはありがたい。平日なら確実に駐車できるので、待ち合わせるのも便利だろう。町中の店の場合は満席・満車の恐れもあるが、イオンモールにその心配はない。

さらに言えば、眺めもいい。フードコートの北側は全面ガラス張りになっており、冬の晴天の日などは青空が実に美しく広がる。十分な採光により、フードコート自体も明るい。平日限定で言うなら、地元の人々が集う場所として、ここほど利用しやすい場所はないかもしれない。

「モノの提供（物販）に加え、便利さ・楽しさ・新しい体験といったコトも提案する」

このイオンモールは、そんなコンセプトを掲げている。都心に気軽に出られる地域性を考慮して練られたもので、同社が地方で展開してきた「週末に車で来店してまとめ買い」というスタイルではなく、週に何度も足を運んでもらうデイリーユースを意識している。総菜売り場では100グラム・198円均一という試みがイオンとして初導入されたほか、カルチャースクールや体験型の料理教室なども開かれている。カルチャースクールやフードコートは、「地域コミュニティの拠点に」という狙いのもとに充実が図られた。ユニークなところでは、建物の周囲に、イオンでは初というウオーキングコースも整備されている。これもまた、地域住民の交流を促す場になればという意図によるものである。ついでに触れると、イオンの東西両側に約1047平方メートルと約630平方メートルの公園が設置されているが、これらはイオンが建設し、市に無償譲渡されたものである。

地上4階建て（売り場は3階）のイオン東久留米店・イオンモール東久留米の延べ床面積は7万9100平方メートル（東京ドームの1・7倍）、駐車が可能な台数は約1700台という規模で、モールには124テナントが入る。

馬場市政は、その誕生も、その迷走も、すべてここから始まっている。

イオン反対派の先頭に

イオン誘致問題が表面化したのは2003年頃。すぐさま市内で反対運動が起こったが、その反対理由の大きなものの一つに、周辺の環境があった。

イオン建設予定地は、東久留米駅から約2キロの、市の南部。西東京市との市境に近い。幹線道路に面しているわけではなく、周囲には一戸建て住宅が並んでいる。

周辺の道路環境は、整備された今でも、大型店の立地としては良いとは言えない。すぐそばに所沢街道があるが、この街道は片側一車線の細い道路で、見通しの悪いカーブも多い。ガードレールも未整備の場所が多く、端的に言って歩きにくい。周辺はコンビニエンスストアやチェーン店などがぽつぽつとあるぐらいで、畑地も目立つ。さらに、イオンの目の前には道路を挟んで市立第五小学校があり、裏手には高齢者施設もある。

一口に言って、周囲は生活の匂いのするエリアである。ロードサイドに大型ショッピングモールができるのとはわけが違う。こうした事情から、計画が出されて以降、周辺住民はイオン誘致計画に激しく反対した。その運動体は10団体を超えている。

反対意見の中で最も声高に言われたのは、周辺道路の渋滞についてだった。2006年に公表されたイオンの計画では、駐車台数は2000台。一日に数回入れ替わるとして、単純に考えても一日に5000台以上が新規に乗り入れてくることになる。周辺道路の状況から、激しい渋滞が起こることは明白だった。後の話にはなるが、オープンを目前にした2013年2月25日には、午後9時ころに建設中の現場で作業用事務所が焼ける小火騒動が起きている。このとき、消防車、救急車が複数台駆けつけることになり、周囲に大渋滞が引き起こされて、バスの乗降客が途中で降ろされるという事態になった。特殊な事情とはいえ、この事件は、周辺道路の許容量が乏しく、迂回路が十分にないとい

イオンのオープン当日にテープカットする馬場市長

店内の床面積は東京ドームの1.7倍

うことを示している。

このような道路環境のなかで一旦渋滞が始まれば、当然のように、生活道路にも車が流れ込んでくることになる。周囲に小学校や高齢者施設があることを思えば、子どもや高齢者の交通安全も危惧された。

渋滞が引き起こすものの悪影響の一つに、大気汚染もある。慢性的な渋滞は、周辺住民にとって極端に言えば生存権にかかわる問題にもなる。反対運動をする10団体が共催した2007年4月のパネルディスカッションでは、予定地に面して暮らす主婦がこう絶望感を洩らした。

「毎日、朝から晩まで排気ガスが来ますよね。そういうことからして、私たちが良い環境を求めてきたことは何だったんだろう……何を言ってもダメなのかなあ……とか、正直いって、もう、ここには住めないなあ……。例えば1日とか2日とかの排気ガスじゃないわけですよね。毎日、朝から晩までの……」（『「まちづくり」と「イオン問題」～東久留米の市民と商業者が語り合う』＝東久留米市民自治研究センター発行より抜粋）

用地変更の裏事情

こうした反対は、ともすれば住民のエゴのようにも思われがちだが、東久留米の場合は、そうとは言えない。建設された土地のもともとの用途は、第一種中高層住居専用地域だからである。

本来の用途地域のままなら、500平方メートル以上の商業施設を建設することはできない。土地所有者もそれは承知していて、当初は約650戸のマンションの建設を計画していた。2003年2月頃のことだ。ところが、それを市に持ち込んだところ、市のほうから「待った」をかけられた。このあたりの経緯は市には正式文書が残っておらず、土地所有者の見解に基づくものになるが、市のほうが、「住宅ではなく商業施設にしてほしい」と持ちかけたのだという。

市が商業施設を求めた理由は単純で、端的に言えば、金の問題である。2006年に市が出した税収見込みでは、大型商業施設なら約3億円、マンションなら約2億円、木造住宅なら約1億~2億円だった。税収見込みだけでも商業施設に分がある。これに加えて、大型マンションなどの場合は児童が一気に増える可能性が高く、小学校の拡張を要する懸念もある。歳出の恐れについて議会では、住民増なら約2億円がかかるとも語られている。

このような理由から大型商業施設が着目されたわけだが、本来なら建設できない土地である以上、何らかの手だてが必要となる。どのようにすれば大型ショッピング施設を建設できるのか。

そこで市は策を練った。導かれた答えは、都市計画法に定められた地区計画を活用することだった。地区計画は特定の地区を対象にした整備方針を示すもので、これによって用途地域の規制や緩和などを図ることができる。手続きの段階は幾つかあるが、最終的には、市の都市計画審議会で承認されれば確定できる。

この手続きならば多少の反対があったとしてもすぐに着手できると市は踏んだのだろう。が、ことはそう単純ではなかった。

地区計画は、市のまちづくりの基本方針となる都市計画マスタープランとの整合性が求められる。しかし、東久留米市が市民参加で2000年に策定した同プランでは、建設予定地のエリアは「産業拠点の流通業務地」となっていた。一般的にみて、大型商業施設を想定したものとは言えない。そのため市では、「周辺環境の大幅な変化」を理由に、現行のマスタープランを一部見直すことを示唆する。つまり、イオン誘致を進めるために地区計画を策定することとし、それと整合性を取るために、都市計画マスタープランの変更を行なうというわけである。これは誰が見ても、主客が逆の話だろう。住民の反対運動が激しかったのは、こうした行政主導への反発があったからだった。

住民に寄り添う市長像

こうした経過のなか、当然ながら、議会でもイオン問題が大きな懸案事項となっていた。計画を進めようとする東久留米市政に対して、野党議員が強い姿勢で反対をしていく。その中で、特に目立った議員の一人が、馬場一彦だった。馬場は1970年に東久留米に生まれ、地元の第五小学校、南中学校、そして隣町の都立保谷高校を卒業し、日本大学経済学部に進学している。まさに「地元育ち」で、1999年に29歳で市議選に初当選した後、3期を社民系会派の市議として務めた。イオン問題が表面化してからは、自身が誘致予定地の南沢地域に暮らしているということもあり、特にこだわりを持って臨んでいた。馬場は、3人の子を持つ父でもある(市長立候補時)。議会のたびにイオン問題を取り上げ、誘致の正当性に疑問を呈したり規模縮小を訴えるなどしている。2007年10月には、イオン誘致に関する都合の悪い文書を市が隠していた事実を突き止めるという「手柄」も立てている。この件では、最終的には市長・副市長が減給処分に至った。このほか、議会では、都市計画マスタープランと地区計画の整合性を取るべきだという都から市への指摘に対して「脱法行為の指南だ」と追及するなど、激しく市政を糾弾していった。市民からの「イオン出店反対」の請願にも、たびたび紹介議員になっている。

この強い姿勢に対して、イオン反対運動を行なう面々の馬場への期待感はいやが上にも増していった。反対運動にかかわった東久留米市商工会会長（当時は副会長）の則竹浩二は「いま思えば、最後の3年くらいは政治活動となった面があった」と振り返る。

「イオン誘致反対の請願を出しても窓口になるのは野党側。野党の立場からすれば、この反対運動を票田としてとらえた面もあっただろうと想像します。

商工会だけでも、当時の会員数は、全体で930ほどありました。商店だけなら約700。これに地元の全商店会が加わり、その家族の票も計算できます。有権者数は約9万3000ですが、半分は投票に行きません。そう見ていくと、この反対運動が政治に与えた影響はかなりあったと言えると思います」

そんな時に行われた市長選挙こそが最大の市民運動だった、と指摘する声もある。イオン誘致に反対し続けた市民の一人はこう言う。

「計画がかなり進み、事業者との協議も行なわれていたあの状況でイオン誘致を止めるには、馬場市長を生み出すことが一番の近道でした。その認識をみんなが共有したからこそ、市民の力が結集したのです。馬場市長の誕生は、まさに市民運動の成果でした」

当時の選挙の状況を、会派のベテランで馬場を新人の頃から見てきた桜木善生議員はこう振り返る。

「一緒に選挙カーに乗っていたのですが、反対運動を展開していた滝山5丁目商店会を回ったとき、自然発生的に人のうねりができました。あんな光景は、8期やっている私だって経験したことがありません。ちょっと感動的でしたよ。

下里にある卸売市場に回ったときにもうねりができて、『イオンに反対します！』というこちらの呼びかけに対し、方々から『がんばれよ！』と声がかかった。これは勝ったな、と思いましたね」

商工会の則竹の回想は、「熱狂だった」というものだ。

「頑張って応援した、なんてレベルのものじゃない。当選が分かったときには、集会場で自然に勝ちどきが上がったくらいですからね」

このような期待と熱狂に支えられて馬場市長が誕生した。支援した市民が思い描いたのは、議員時代のように舌鋒するどく切り込んでいき、住民に寄り添って行動する市長像だった。

就任直後の変節

ところが――。

「イオン反対は無理」。馬場は就任直後にそう察したと思われる。このあたりの証言は、人によって微妙に異なる。商工会の則竹は「(就任から)2週間後に『無理だ』と言いに来た」と振り返り、市内商店会が集まって組織した「イオン出店反対協議会」の代表を務めた小島洋八郎は「2カ月後だった」と指摘する。正確なところはよく分からない。ただ、就任して間もない段階で、『これは難しい』と確信したのは間違いなさそうだ。馬場が想定していた以上に、計画が進んでいることが分かったためである。

馬場の市長就任は2010年1月20日だが、議事録を辿ると、馬場は2月15日と16日に、イオンと、土地所有者の各担当者と面談を行なっている。その際、馬場はそれまで存在を知らなかった書類を幾つか見せられたという。事業者が市の要望を受け入れてきた経緯を記すもので、市の捺印もあった。この書類について、馬場はすぐに庁内で控えを調べさせているが、数種類の書類のうち、ただ1枚だけが出てきただけだったという。このあたりについては裏付けが取れていないが、人づてに聞くところではロッカーの隙間から書類の1枚が出てきたとも聞く。いずれにせよ、発見されない書類が数種類あったのは確かで、議会でも、書類管理の徹底を釘刺されている。

書類管理がずさんというだけでも相当問題があると言わざるを得ないが、馬場の話を聞くと、事態はもっと深刻であったと思われる。事業者から示された書類に関連し、馬場はその協議に誰が同席したのかも調べたというが、結局これも分からないまま終わっているからだ。馬場は、「この書類を知っているか?」と職員に聞いて回ったそうだが、「いや、知らない。誰が同席したかも聞いていない」と誰もが首を振ったという。

こうなると、組織ぐるみでの隠蔽も邪推されるが、何であれ、推進派が何としてもイオン誘致を完遂させようとしていたと見て間違いない。8年続いた野崎市長のもとで幹部を務めてきた職員たちは、当然、イオン誘致を既定路線として考えていた。ここにきての急な方向転換は、彼らにとっては迷惑以外の何ものでもなかったに違いない。議員の一人は馬場に対して同情的に「馬場さんは職員から非常に警戒心を持たれていました」と振り返る。

馬場は、さらにもう一つ、市長就任後に、イオンに関連した重要な事項を知る。市長選挙まっただ中の2009年12月に、市の都市計画に対する都知事の同意が得られていたことだ。それを大きな争点として選挙が行なわれていたのにもかかわらず、その最中に計画がさらに一歩進められていた。

このように「外堀」が完全に埋められてしまった状態のなか、馬場は、この計画を覆すのは難しいという結論に傾いていく。また、幹部職員が馬場を連日説得していったという話も聞こえてくる。議員の一人は、定かな話ではないけれど、という前提でこう分析する。

「一人だけ対立するような格好で庁舎の中にいて、連日のように周りの職員から『それはもう決まっていることです。問題はイオンだけじゃなく、山積みなんですよ』『誰もついてこなくなりますよ』などと言われたら、それは気持ちは揺らいでしまうでしょう」

判で押したような答弁

こうした状況に加え、当然のことではあるが、野党からの糾弾も激しかった。馬場の最初の議会となった2010年3月議会では、早々から、イオン問題に関わる質問が繰り返される。与野党が入れ替わって最初の議会だけに、元の与党側、具体的には自公を中心にした議員の追及姿勢は厳しかった。そうしたなか、馬場は議会において、誰にどう聞かれようが、判で押したような同じ答弁に徹する。

イオンの誘致については、議員時代に一連の計画の進め方に異議を唱えてきました。そして、5・5ヘクタールすべてを商業施設とすることにも異議を唱えてきました。今回、選挙の際には『市民参加によりイオン誘致計画を見直す』と訴えさせていただいています。

しかし、事業者及び土地所有者と東久留米市が協定を結んで推進してきたという事実があり、今、その東久留米市の代表者という立場に立っています。したがって、地区計画区域内の方々、周辺の方々、事業者、土地所有者の方々のご意見を伺い、どのような見直しができるのか調査・検討を進めてまいりたいと思っております。

これがその答弁内容だ。議事録を辿ると、見事なほど、一字一句違わずに同じ答弁が繰り返されている。

その姿勢が、さらに議員の反感を買うことになった。馬場にしてみれば、重要案件だけに言葉尻を捉えられないように慎重な答弁に徹した、ということなのだろう。しかし、その守りの姿勢は、あまりにも議員時代の果敢な姿と違っていた。当然、議場では、議員時代の発言についても追及されている。行政に対して「脱法行為」とまで言ったことに対して、「それを今はどう思っているのか」と質されたりもした。

だが、馬場の回答は前述のもので変わらない。何度聞いても同じことで、ついには業を煮やした議員から、「議員で言ったときの発言は、市長になったら免責事項になるんですか。議員のときはチェックする役割だから言ったけれども、今は立場が違うからそんな過去の話はやめてくれということですか」と責められる場面もあった。

このように対立が鮮明になっていくなか、4月に2010年度予算が成立する。このとき、幾つかの修正が加えられ、付帯決議も付けられた。「イオンの誘致を計画通りに促進すること」という内容のものである。

この修正予算を採決するときに語った野党議員の厳しい発言が、野党側の心情を端的に示している。

野崎前市政は行財政改革に着手してきました。

そらの取り組みのほとんどすべてに反対し、時には激しい口調で前市長を責め立ててきたのが議員時代の馬場市長です。

しかしながら、市長に就任された途端、何事もなかったのように野崎行革の恩恵を受けながら市政運営をされています。4月から民間委託された事業所などの式典に晴れやかに出席し、テープカットやあいさつをされてもいます。

しかし、これらはすべて、野崎前市政とそれを支えた私たちが、馬場市長を初め行革反対議員の激しい抵抗にあいながら、果敢に進めてきたものではありませんか。

『議員時代の反対は議員時代の判断であり、間違っていたと認めるつもりはない』と答弁される馬場市長に、私たちは怒りにも似た思いを持ち続けています。

馬場は反野崎市政の急先鋒だっただけに、逆の立場になると、受ける攻撃も厳しいものになる。このあたりは、政権交代の難しさを思わせる。馬場を最後まで支えた間宮美季議員（元社民系・現一人会派）は、その苦しさをこう代弁する。

「市議は自分の思うところを主張できますが、市長は全体の11万6000人の市民のことを考えてベターな判断をしなければなりません。場合によっては自分の意見と違うケースもあると思うのですね。にもかかわらず過去の発言を責められると、苦しいものがあると思います」

ちなみに間宮は野崎の前に3期12年の安定政権を築いた稲葉三千男の娘である。その立場から、「父も最初は議会と対立していましたが、前職は市政と無関係でしたから、その点で馬場さんとは違います。馬場さんは市議時代の発言や考え方が皆さんに伝わっているので、対立する方からすれば一緒にやっていくのは難しい面があったのだと思います」と指摘する。稲葉市政については後述する。

ともあれ、こうして馬場は、いよいよ追いつめられていく。そして、どういうつもりだったのか、「6月議会で結論を出す」と自ら明言し、意味のない背水の陣を取った。

鳩山内閣退陣との共通点

就任早々に結論を出すというのは、闘い抜くつもりなら有効な手段だったかもしれない。支援した人々の熱気のあるうちに計画反対の宣言をしてしまえば、仮に不信任決議などに進展した場合も状況を有利にできる。しかし、逆の結論を出すのなら、市民の熱気があるうちに行なうのは賢明ではない。

「イオン誘致推進」という、馬場にとって重大な方向転換が表明されたのは、その就任からわずか半年後の6月3日のことである。奇妙な符合だが、民主党の鳩山由紀夫が首相辞任を表明したのはその前日の6月2日のことだった。イオン推進を宣言する馬場の姿は、沖縄普天間基地移設問題に対して「最低でも県外」などと強い公約（マニフェスト）を掲げながらも就任後にぶれ続けた民主党・鳩山と、ここでも見事に重なった。イオン問題に対し「思った以上に計画が進んでいた」と口にする馬場の姿は、首相就任後に「学べば学ぶほど（基地の）抑止力が分かった」と語る鳩山の姿そのものだった。

馬場は、市長報告として、こう発言した。

土地所有者、事業者に対しては、すでに本年2月の面談の際に計画の見直しの申し入れをしましたが、受け入れがたいとの意向でした。

現計画については、東久留米市と土地所有者及び出店事業者とが相互に協議を重ね、2008年6月には都市計画マスタープランの一部改訂を行い、そのつど、3者連名による『協定』を締結するなどしてきました。

さらに、東京都との関係においては、市道110号の整備に多額の補助金を受けており、地区計画の知事同意も得ております。

これらの状況を総合的に判断しますと、現行の南沢五丁目地区地区計画案（注・イオン誘致のこと）の変更は難しいものと考えております。

一方で、この計画を不安視する多数の市民がおり、地域に貢献できる施設にしていただくよう市民参加で見直す必要があるとの考えから、今後、市が行う市民参加での見直しを踏まえ事業者らと協議していくことなどを確認しました。

したがいまして、南沢五丁目地区地区計画につきましては、この市民参加による地域貢献に結びつく施設機能の導入に関する見直しの協議が調った段階で、都市計画法第17条（案の縦覧）の手続きに入りたいと考えています。


少々長い引用になったが、長く引用したのにはわけがある。重要なのは後半である。この市長報告をめぐって行なわれる議会の質疑を追っていくと、市長報告が慎重に作られたものだということが分かる。問題は「市民参加での見直し」の文言だ。

再び少し長い引用になるが、市長報告をめぐっての議員との象徴的な質疑応答を以下に掲載しよう。

【宮川豊史議員（一人会派）】　地区計画の見直しはしない、中止はできないというのが今回の市長報告の要旨と受け止めています。

さて、馬場市長は議員時代、どの議員よりも強力に反対してきたわけですよね、このイオンについて。今回の市長報告は選挙公約に反しませんか。

【馬場市長】　私、公約、公報等で、「イオン誘致計画に対しては市民参加で見直す」ということを掲げてきました。

今回ご提示させていただいたように、たとえば物販面積の部分を地域に貢献できる施設にするなど、そういった見直しを図っていきたいと考えています。

【宮川議員】　もう一回、聞きますが、選挙の争点になったものはイオン誘致政策なわけですよね。これに馬場市長は反対してきたと。それが選挙公約だったと私は理解しているのですが。

【馬場市長】　限定された部分もあるかもしれませんが、私は「市民参加でこの計画を見直す」ということを掲げさせていただきましたので、それに沿ってやっていると考えております。

【宮川議員】　私は、このイオン誘致政策に反対するというのが、市長の公約だったと思っているんですね。いかがですか。

【馬場市長】 私は公報の中で「イオン誘致計画については市民参加で見直す」というふうに述べております。私はこの考えに沿って今進めているというふうに考えておりますので、公約に反しているということは考えておりません。

【宮川議員】 私が聞きたいのは、イオン反対が公約なのか、公約ではないのか、イエスかノーかという質問なんです。お願いします。

【馬場市長】 私は賛成とも反対とも言っておりません。

ここで紹介した押し問答は相当に圧縮したもので、実際には、このやりとりが約3時間も続けられている。宮川議員は「イオン誘致に反対してきた市民に、公約違反ではないと堂々と説明できますか」とまで詰め寄るが、馬場はかたくなに「市民参加で見直すが公約」の答弁を繰り返した。要するに馬場としては、市民参加で地域貢献施設をイオンに要求することになるのだから、これは「市民参加で見直す」の実現だ、という理屈である。『見直す』イコール『中止』もしくは『縮小』という意味ではない、ということだ。

それにしても、「賛成とも反対とも言っていない」という答弁は、これを旗印に選挙戦があったことを考えれば、いくら追いつめられたとはいえ口にしてはならない言葉だっただろう。

住民の反発は、猛烈だった。

6月議会会期中の20日、市民対象の説明会が開かれる。その会場は怒号の飛び交う大荒れのものとなった。この様子を、議員の一人は「激しい狂気のような怒号」とレポートしている。会場からは、「公約違反だ」「裏切り者」「ジギルとハイド」「だまされた」「土下座しても納得しない」「市長を辞めろ」といった激しい言葉が馬場に投げつけられた。そしてついに、議場では頑として公約違反を認めなかった馬場も、「お詫びしたい」と頭を下げる。

一丁目一番地の迷走

言ってみればこの瞬間から、馬場市政の迷走が始まった。たとえ議会を敵に回しても、行政職員から警戒されても、市民の支持が得られていれば、強気の市政運営は可能だっただろう。実際、強いリーダーシップを持つ市長のもとで、市民と一体になった行政の例を過去に幾つかさかのぼることもできる。馬場市政でもそれは可能だったはずだ。こういうとき、リーダーシップを発揮するのは、大きな問題であればあるほどいい。馬場にとってそれは、イオン以外にあり得なかった。しかしそこで転じてしまったことで、市民の心はすっと離れていった。

行政ウオッチを続ける市民の会「東久留米市民オンブズマン」のメンバーの一人の言葉が強烈だ。

「この一件で馬場さんは『うそつき』ということになった。うそつきは何を言ってもうそになってしまう。それが、その後の議会が乱れに乱れた原因ですよ」

「うそつき」というのは少々言い過ぎに思えるが、経緯を見てきた市民にはそう見えるのかもしれない。

多くの議員は、「一丁目一番地」という言葉を用いて、そこから馬場市政の迷走が始まったことを証言する。

■桜木議員（社民系）「あれがすべてでしょ。一丁目一番地だったのだから。方針を変えるにしても、やり方があったはず。涙一つでもこぼして、声を詰まらせて『申しわけなかった』と言えば状況も違ったのでしょうが、議会の表舞台で、『オレはもともと賛成でも反対でもなかったんだ』としらを切ってしまった。だから、与党側にいた共産党も離れていってしまったんです」

■富田竜馬議員（民主系）「イオンが一丁目一番地でしたからね。推薦した立場ですし、民主党としてはその後も経過を見ていくスタンスでいましたけど、潔くないな、とは思いました」

■篠宮正明議員（議長、自民系）「最初のボタンというのは大切ですよね。馬場さんとは最初からボタンの掛け違いがあったという気がします」

ともあれ、市民の批判がいくら飛び交おうと、市長報告として議会で計画推進が宣言された以上、イオン誘致が実施されるのは確実のこととなった。

馬場は「市民参加で見直す」という〝公約〟を果たすために、近隣住民など14人で構成する「地域貢献に関する市民検討会」をつくる。そしてこの「検討会」は、イオン側への住民の要望として20項目をまとめた。多目的ホールの設置、クリニックの開院、託児施設の設置などである。

この中の一つにシャトルバスの運行というものがあったが、これはもはや、皮肉としか言いようがない。これを受けてイオンは、滝山団地前～イオン、東久留米駅～イオンの2路線を走らせる。しかし、とりわけ滝山エリアは、商店会を中心にイオン出店反対運動を激しく展開し、町中に「イオンいらない」のステッカーを貼りまくった地区である。いま、その商店会の目の前を、赤紫のイオンカラーでラッピングされた大型バスが、日々、地域住民を乗せて走っている。その輸送は、確実に商店会の客を奪っている。だが、それは企業の横暴ではなく、企業が住民の要望に応じた、いわば社会貢献事業なのである。

ある議員は、「市民検討会には不安を持っていた」と、はっきりと口にする。一面だけを見ての「要望」が先行する恐れがあったからだ。例えば託児施設にしても、最終的には認承保育所という形で実現することになったが、それが本当にその場所に必要だったのかについては疑問が残っている。先の議員は、「イオンのある市中央部は、比較的、待機児童の少ないエリア。むしろ、西部の保育施設のほうが急がれるべきだった」と話す。

さらにいえば、商業施設の一画が幼児にとって望ましい環境なのかという疑問もある。しかし、そうした疑義をいくら唱えたところで、「すべては住民の要望だった」という一言で終わってしまう。企業は責められるべきではなく、むしろ、地域に貢献している施設として評価されることとなる。

こうして「市民による見直し」も行なわれ、東京都による環境影響評価も経て、最終的に、124店が入る「イオンモール東久留米」と、スーパーマーケットやファッションコーナーがある「イオン東久留米店」から成る、大型のショッピングセンターが完成することとなった。オープンは2013年4月23日（地域住民を対象にしたソフトオープンは18日）。そのオープン日には、隣接する東村山市出身のタレント、相田翔子が一日店長として参加し、場を盛り上げた。そしてテープカットに臨む相田の横には、ハサミを手にする馬場の姿もあった。

20年にわたる保育民営化問題

イオン問題が一丁目一番地なら、一丁目二番地は保育園民営化問題だった。

保育園民営化問題は、この頃、全国各地で起こっていた。公立保育園を民営化する理由は、どの自治体でも基本的には共通している。運営にかかる負担の軽減と、延長保育などのサービスの拡充だ。これに対して反対運動の理由もほぼ共通しており、「責任の所在があいまいになる」「保育の質が下がる」といった不安感が挙げられる。

東久留米の公立保育園民営化は、実は２０００年代に先がけた１９８７年に１園で行なわれている。このときもやはり、行財政改革の一環で実施された。学童保育所の統廃合なども同時に打ち出されたということもあり、このときは、市内で激しい反対運動が展開されている。これによって保守系市長から革新系市長への政権交代も実現しており、この図式は、20年の時を経た馬場のときにも、ぴたりと当てはまる。乳幼児を持つ親世代、つまり20代、30代はもともと投票率が低いため、その浮動票が動いたときの影響は大きい。

ただし、先に確認しておく必要があるが、馬場は必ずしも保育園民営化反対の立場は取っていない。社民系会派に属してきたこともあり、福祉寄りの思想を持っていると思われがちだが、財政の厳しさに合わせた柔軟な姿勢も持ち合わせている。

議員時代の発言は微妙だ。それは、「民営化を選択肢として否定しないものの、理想は公営保育園を残すべき」というもの。言葉の後半、すなわち「理想は公営保育園を残すべき」を聞けば、「2、3園は民営化されたとしても、残りは公営保育園のまま残してくれるはず」と市民が期待しても無理はない。しかし、「公営保育園を残す」とは言い切っていない。なお、市長選挙時点での東久留米の公立保育園は10園。うち、3園がすでに民営化されていた。

この保育園民営化の方針については、前述のとおり、野崎市政によって２００３年に出されている。このとき、同時に公立幼稚園の廃園が示唆されており、実際、２００６年に3園あったすべてに幕が下ろされている。

もちろん、幼稚園廃園をめぐっては反対運動も激化したが、それでも幼稚園の問題は保育園ほど深刻ではないとも言えた。両者の基本的な役割が違うからだ。保育園は文字通り「保育」。すなわち「福祉」であり、法的にも児童福祉法を準拠とする児童福祉施設となっている。市が福祉から直接の手を引き、市場原理に預けるということについては、行政のあり方そのものを問う議論となる。

実際、「福祉」というところから考えをスタートさせると、それは行政が用意すべきもののようにも思えてくる。一定のサービスまでは行政が提供し、それ以上、あるいは特色のあるサービスを望む人は民営の施設を利用するというのがあるべき姿だろう。

しかし、保育園民営化反対の運動を見ていると、ここには、保育園の持つ性格の特殊性が影響している。保育園は人格形成において重要な時期にある乳幼児を預かる施設である。「子どもを地域で育てる」といった観点に立てば、ただ預かるというのではなく、そこで情操教育なりさまざまな体験をさせていくということが、一つの重要な役割として浮かび上がってくる。これがまさに、保育園民営化反対運動で決まって話題になる「保育の質」だ。しかも身分保障のされている公務員による公設公営園の場合、年月を経れば経るほど、保育士たちの経験値が増していくことになる。要するに、ベテランが増え、保育が高水準になっていくわけだ。

「理念なき民営化は白紙に」

基本的な構図としてそうしたものがあるところに、東久留米の場合は、さらに特殊な事情があった。

「共育て」と呼ばれる、独自の保育文化が培われてきたことだ。

これは保育士と保護者が一体になって保育をするというもので、具体例としては、夏祭りや運動会、バザーなどを一緒につくりあげるという活動を行なってきている。日常生活においても、休日ごとに保護者が園に出向いて子どもたちが使うふとんを干すなど、園の運営に携わっていた例もあったという。そのうえ、3、4、5歳児を交えてクラス分けするという「たてわり保育」と呼ばれる特徴もあり、異年齢と日常的に接することで子どもの精神の発達を促そうという保育を行なってきていた。

こうした保育のあり方は保育園を中心にした地域交流を生みやすく、園によっては、OB会や「おやじの会」などが定期的に続いているところもあると聞く。また、卒園後に同園のイベントに顔を出す子たちは珍しくない。

この保育スタイルは「東久留米方式」と呼ばれることもあったらしく、全国から注目されてきたという。そのことは議会でも言及されており、過去には「東久留米で子育てをしたいと、他市から引っ越してきた人もいる」と紹介されたこともある。

こうした特色のある高水準の運営は、財政に余裕のあるときはそれで良かった。しかし、財政状況が厳しくなってくれば、「ここまで高水準にやる必要があるのか」という話も当然出てくることになる。基準を設けて監督を強化すれば、民間委託をためらう必要はないのではないか。行政がそう考えても不思議はない。現実問題として、不景気の影響などで共働き家庭が増えており、待機児童の解消は以前に輪をかけて懸案事項となっていた。

こうした価値観の対立のなかで、民営化計画は進み、同時に、反対運動も盛んになっていった。2003年に保育園民営化の方針が出されてから、2009年12月の市長選挙までの間に2園が民営化されている。

このように民営化が実施されていく中で、馬場は、市長選挙の半年前に、「この理念なき全園民営化方策は白紙に戻し、保護者など関係者との合意形成を第一にしていくべきと考えます」と厚生委員会で発言している。この姿を見たこの問題に関心を寄せる市民たちは、当然ながら、「馬場さんなら自分たちの意見に耳を貸してくれる」と期待感を持つようになった。

表向きには、民営化反対とは言わず、公約も「保育所の待機児解消、子育て支援の充実」と唱えるにとどめた馬場だったが、立候補にあたっては、共産党も構成団体として加わる「あたたかい市政をつくるみんなの会」(以下「みんなの会」)と政策協定を結び、「今後の保育サービスのあり方検討委員会の設置」を約束している。ちなみに馬場自身の保育行政の方針は、財政が厳しい状況の中でも有効な拡充策として、家庭福祉員の充実をイメージしていたらしい。厚生委員会において、「基幹型として公立保育園が地域のスタンダードとしてあり、そこに民間保育所、家庭福祉員などが衛星的に配置される、そういったサテライト方式を主張しています」と発言してもいる。いずれにしても、そうしたさまざまな可能性を語り合う場として、「あり方委員会」の設置というのは、保育園民営化を反対する市民にとっては一つの希望となっていた。

「民営化が唯一の選択肢」

このような状況の中で馬場市政がスタートする。最初に直面した課題は、1972年建築の都営アパートの1階に設置されていた「みなみ保育園」の民営化問題だった。

この時点で公設公営保育園は7園あったが、次の民営化候補に「みなみ保育園」が指名されたのは、都営アパートの建て替えが決まっていたためだった。建物自体がなくなるわけで、これにあたって市は、公設さえも放棄した。すなわち、公設公営の保育園を、民設民営に移行させようと計画したのである。東久留米では、初のケースだった。

馬場寄りに見れば、都営アパートの建て替えが迫っているという状況的な厳しさはあった。確かに「あり方委員会」の設置を政策協定で約束してはいたが、そのような委員会をつくって議論していたのでは差し迫っている取り壊し時期までに結論が出せなくなる。野崎市政のもとでつくられた計画では、2014年春までに移設・建て替えを実施することになっていた。新規に建設するケースを考慮すると、すぐにでも計画を確定させる必要があった。

いよいよ時限が迫る中で、馬場は2011年3月、施政方針で「みなみ保育園については、2014年度に民設民営の新設開園に向けて法人選定のための検討を進めます」と唐突に打ち出す。この発表の仕方には、民営化推進の議員からも、「いきなり『民設民営で行きます』と出てきて、びっくりしました」の声が洩れた。

十分な議論がなく、それがリーダーシップだと言わんばかりに唐突に方針を示すというやり方は、イオン誘致推進を示した市長報告のときとまったく同じと言える。議会は内容よりもその決め方に反発し、とりわけ共産党議員が――政策協定を結んでいるから当然ではあるが、「市民参加で考えていくはずではなかったか」としつこく噛みついた。

ところが馬場は、それに明確な回答を寄せるどころか、6月の議会で、さらに人々を驚かす答弁を行なう。共産党の議員から「（市長になって）考えが変わったのかどうか」と問われた馬場は、踏み込んでこう言った。

これまでは民営化も選択肢の一つとお話させていただいてきましたが、今は、「全園の民営化が唯一の選択肢」として提案させていただいています。

これには議員の中から、「なんといっていいか…、ちょっとびっくりする答弁なので…」とまで言われている。

共産党の議員は「なぜ『あり方委員会』をという声が大きくなったかというと、前市政は民営化をトップダウンで進めてきたから。子どもへの影響が大きい問題を市民抜きで決めないでほしいと市民が願ってきたからです」と抵抗したが、まさしく、馬場のこの決め方こそ、トップダウン以外の何ものでもなかった。

結局、この「みなみ保育園」は民設民営で進められ、2014年4月、「わらべみなみ保育園」として開園している。

公約されたコミュニティバス

公約違反の観点から見たとき、「イオンについては市民の要望を事業者に受け入れさせた」、「保育園民営化についてはそもそも民営化反対とは言っていない」という強弁も成り立つが、公約に明記していながら馬場によって計画が見送られたものに、「コミュニティバスの実現」がある。

コミュニティバスとは、公共交通の空白地を埋め、住民の移動を助けるものとして自治体が運営するバスのこと。1980年代から幾つかの自治体で取り組みが始まったが、全国的に広がるきっかけとなったのは、1995年スタートの武蔵野市「ムーバス」だと言われる。

多くの自治体のコミュニティバスは、中・小型サイズで、住宅街など多少の細い路地も運行する。駅、公民館、図書館、市役所、病院などを経由するルート設定が多く、通勤・通学のための足という側面も持つものの、主目的としては市内を回ることにある。主な利用者として想定するのは幼児を連れた女性や高齢者で、福祉的な運行という性格が強い。受益者負担が原則ではあるが、運賃は100円から200円程度と安価に設定されている。

コミュニティバスが広がりを見せる背景には、やはり高齢化の問題がある。普通自動車の運転免許を返上し、自転車にも乗らなくなったとすれば、高齢者が頼れる交通手段はバスとタクシーになる。日常的な足としては、バスの需要は高まる。しかし一方で、民間バスは採算の取れるルート設定が前提となっているという実情がある。多くの場合、主要道路を中心にしており、地域を細かく縫うような設定にはならない。何より、朝晩の運行本数は増えるものの、利用者が減る日中の運行が極端に少なくなるという、日中を地域で過ごす人にとっての「不便さ」がある。さらに言えば、利用者の減少や燃料費の高騰などを背景に、路線の見直し（減少）や運行の廃止を打ち出す民間事業者も出ているところがある。

各自治体はこうした状況を改善しようとコミュニティバスの運行に取り組んでいるわけだが、高齢化が進む東久留米でも、当然、そのニーズは高かった。

東久留米の場合は、地理的な要因もある。市内にある駅は西武池袋線の東久留米駅だけだが、これは市の中心よりも北寄りにある。市自体は南北にやや長く、特に南端エリアは路線の違う西武新宿線の駅のほうが利用しやすい。市民交流やコミュニティという点でいえば、市民は等しく東久留米駅や市役所周辺に出やすいほうが望ましい。

市民感情という点も見逃せない。２００９年３月に発行された東京市町村自治調査会の『多摩地域におけるコミュニティバスおよび路線バス支援策に関する実態調査報告書』によると、多摩の26市中、コミュニティバスを走らせていないのは青梅と狛江、東久留米の３市のみ。ただし狛江市は２００８年11月から運行しており、実質は２市だけとなる。市民から見れば、明らかに市の取り組みが他市に劣っている。きちんと納税しているのに十分な福祉を得られていないと感じる市民は少なくなかっただろう。ちなみに、コミュニティバスを導入していないもう一市の青梅市は、世帯当たり乗用車保有台数が1・10である。つまり、「1家に1台」の状況がある。対して、東久留米市は0・73。車を持たない家が少なくないことがはっきりしている。

「お金がない」の無責任さ

こうしたことからコミュニティバスを求める運動は市民の間で続いており、運動する市民から議会ごとに請願も出されてきた。その請願には、議員時代の馬場も紹介議員として署名してきている。馬場が公約としてコミュニティバスの実現を掲げたのは、その延長上にある。

市長就任後の馬場は、２０１１年に庁内職員からなる「地域公共交通の充実に向けた検討委員会」を設けて調査・研究を行なうなど、実現に向けて模索している。調査は、小平・西東京など近隣４市を対象に行なった。

この委員会による検討が行なわれる一方、多少期間は前後するが、議会において「コミュニティバス運行の早期実現を求める請願」が採択されるなど、コミュニティバス実現にかかわる請願はすべて採択されるという状況が続いていた。先の「早期実現を求める請願」には、市民の署名が４１８０筆添えられてもいる。

行政においては、２０１１年4月に『第4次長期総合計画』がスタートしており、この中で、２０１５年度までにコミュニティバスを実験運行することが明示されもした。この長期総合計画は、市議会議員、学識経験者、市民らでつくる「審議会」がベースを作り上げたもので、その過程では、パブリックコメントのほか、市民、さらには中高生との意見交換会も開かれている。つまり、市民参加でつくった長期総合計画となる。

このような経緯を見ていくと、コミュニティバスの運行は実現すべきものと考えられるが、馬場は2011年12月議会で、またしても唐突に、「私の任期中に着手することは難しい」と運行断念を宣言した。理由として挙げたのは、「財源が厳しいなか、実験運行といえども一度始めたら簡単にやめられない」というものである。

財政の厳しさについては後述する。ともあれ、これを理由に実験すら行なわないというのは、とうてい市民から理解を得られるものではなかった。財政の厳しさについては、市議会議員を3期務めてきた馬場なら、十分把握していたはずだからである。それを承知のうえで公約に掲げたはずであり、今さら「お金がない」といっても、それは理由にはならない。

さらに加えて問題なのは、「私の任期中は」と、努力を放棄したことにある。繰り返しになるが、長期総合計画では2015年度までに実験運行を開始することを明示している。馬場の任期は、2014年1月まで。金がないならないで、その条件の中で何ができるかを時間いっぱいまで模索していくべきではなかったか。自治体における長期総合計画は、あらゆる事業計画の上位に位置する指標となるべきものである。それに対して無責任であるという批判は、免れられるものではない。

教育長と副市長の不在

「私の任期中は見送る」という言葉が問題になったのは、実はコミュニティバス断念時の一度きりではない。馬場はそれよりも重大な案件で、「私の任期中は見送る」と、市長の義務を棚上げしている。教育長を前提とした教育委員の任命である。

教育委員会について詳しく説明する必要はないだろうが、それは政治的中立性を確保するために市から独立して組織されている。

しかしながら、その人事だけは市長に任命権がある。教育委員は原則、5人以上。任期は4年。教育長は、委員会から任命される。だがそれは形式に過ぎず、実質は市長によって選ばれている。教育長の任期満了（あるいは辞任等）に合わせて次期教育長を前提とした人事案が提出されるというのが通例だ。

東久留米市の教育委員は、2012年から13年にかけて、ちょうど任期満了が続くこととなっていた。2012年12月に1人、2013年7月に1人、同年9月に1人、10月に1人。このうち、13年7月の任期満了が、教育長だった。

馬場は、まず、2012年12月の委員選出でつまずく。後任を立てることができず、欠員を生じさせた責任から、教育委員会に出向いて謝罪する事態にもなっている。その際、こう発言している。

「教育委員会委員に欠員が生じることについては、昭和31年にさかのぼりますが、当時の文部省の通知におきましても『欠員の生じることのないよう十分配慮する必要がある』と示されています。このような国の見解を踏まえ、今後、この状態を一刻も早く解消すべく、新たな教育委員会委員の選任について取り組んでいきたいと考えています」

そして実際、直後の議会、すなわち2013年3月議会で、その欠員に対しての人選を行なった。

これは一見、とりたてて問題のないことのように思えるかもしれないが、実はそうではない。単純な話だが、直後の議会で人選ができるなら、なぜその前のしかるべきときに行なわなかったのかということになるからだ。人を指名したうえで議会が承認をしなかったというのなら、話は異なる。しかし、人事が提案されなかったなら、議会も手の出しようがない。すべては市長の責任になる。

実はこれは、馬場市政における副市長の問題とも関連する。馬場は副市長の人事案を議会に一度も出さず、当然ながら、4年の任期中、片腕となるべき副市長を置けなかった。側近がいなかったことがより馬場を孤立させたとも言えるのだが、なぜ副市長を任命しなかったかというと、議会での不承認をちらつかされたからだという。馬場の説明によれば、意中の人物はいたが、人事案として上げる前に各議員に伝えたところ、人事案提出の間際になって「その人事、どうなるか分からないよ」と不承認をにおわされた。少数与党の議会構成のなか、それが、馬場を躊躇させた。馬場は「人事案は特別なもの。不承認になってしまったら、その人の経歴に傷がついてしまう」と説明する。そうした思いから、馬場は副市長人事案を取り下げている（私が取材した野党議員は全員この事前の打診の話を否定した）。

教育委員会の人事に関しても、やはりそうした躊躇があったものと推察される。2012年12月の段階では、馬場と議会の関係は完全な対立になっており、少数与党の議会構成はいっそう厳しいものになっていた。【三章】で詳述するが、2012年12月に行なわれた予算の専決処分を受けて与党議員の離脱が進み、翌2013年3月議会においての専決処分への承認をめぐっては、2対19という圧倒的大差で不承認となっている。

異例の市長「糾弾」

このような状況の中で、馬場は「どんな人事案も否決される」という思いを深くしたものと想像される。馬場からすれば、重要案件における議会の否決は市長おろしの一環、と見えていたようだった。したがって、人事案を出してもその人に迷惑をかけるだけ、という思いがあったと考えられる。

2013年3月議会では無事に人事を通せたが、次の人事案件となる教育長については、続投させない限り、議会の承認を得るのは難しいと予想された。この時期に4年の任期満了を迎えることでも分かるように、教育長は前・野崎市政によって任命された人物だったからである。

しかし、馬場自身には、教育長を続投させるつもりは毛頭なかった。馬場は教育長と対立し、ときには庁内会議でも公然とケンカのような言い争いをすることがあったという。ちなみに、馬場退任後は馬場と市長の座を争った並木が再出馬して市長に就任しているが、その並木市政のもとで、この教育長は副市長に就任している。この一事が、この教育長と自民系・公明系との関係を象徴していると言っていいだろう。

そのような状況の中で、馬場は独自の人事案を練ったことだろうが、問題は、続投以外には不承認とされる可能性が高いことだった。

そして、馬場は、格好よく言えば第三の道を選んだ。すなわち、選任の保留である。教育長の任期満了を翌月に控えた2013年6月議会で、馬場は人事案提出を見送ったうえで、こう発言して物議をかもす。

「私の任期中は、とりわけ教育長を前提とした教育委員の任命は見送らせていただくことになります」くどくなるが、もう一度繰り返す。馬場の任期は2014年1月である。つまり、ここにおいて、最低でも6カ月間の教育長不在を宣言したこととなる。不測の事態で欠員が生じるというものではない。意図的に、その任命を放棄したわけである。

議会の反発は激しかった。議員が次から次へ「なぜ提案できないのか」と質問を重ねていく。これに対する馬場の回答は、先のイオンの一件と同じ様相を見せた。同じ文言を繰り返すのである。このときの答弁で語られたのは、「この間、鋭意取り組んで参りましたが、結果として任命するに至っていないということです」というものだった。

だが、この回答では、内実がまったく分からない。どのように努力したのかも不明だし、「結果として任命するに至っていない」理由も謎のままだ。つまりは努力が足りないのではないか、ということになるが、そのように突っ込まれると馬場は、「人事のことなので、個別具体には答えられない」とぼかし続けた。「誰々さんにお願いしようと思ったけれども、断られました」といったふうには話せない、ということである。

馬場のこの姿勢に対して周囲がいらだちを募らせていくなか、ついには理事者として力を合わせていくべき教育長自らが議場で馬場を糾弾する事態さえ起こる。

それは6月議会最終日のこと。教育委員の任命について「緊急質問」が行われるなか、任期満了まであと1カ月余りとなった永田昇教育長がこう発言した。

市長の答弁は、私ども教育委員会からすると大変怒りを覚える答弁だと思っております。教育委員会の最大の目的は、子どもたちをいかに育てるかということ。その観点が全く忘れられた答弁を堂々としていらっしゃること自体が許しがたい。

先ほど来、見通しが立つとか立たないとか言っておりますけど、それ以前の問題でして、見通しを立てるのが市長の役割です。この役割を果たせないなら、何のための首長でしょうか。

いじめ、体罰、あるいは貧困など問題がある中で、子どもを守る組織を首長が崩す、そんな権限がどなたにあるんですか。

結局このときは、「教育行政に対し無責任な東久留米市長馬場一彦君に猛省を求める決議」がなされ、人事については持ち越しとなる。この結果、8月1日から教育長は不在となった。

東久留米で再び教育長が任命されたのは、馬場退任後の2014年4月のことである。

決算委員会の退席

異例なことの続いた馬場市政であったが、その象徴的な場面が２０１３年10月に繰り広げられている。決算委員会でのことだ。

議会や委員会の図式については説明不要だろうが、一口に言えば、行政の進めようとする案件や事務報告を市民の代表である議員が審査・審議する場というものになる。もちろん、議員が議案提出することもあり、前記が全てではないが、基本的には議案を諮る行政と、それをチェック・議決する議会・委員会という形になる。市長は議案提出者であり、だからこそ、質問を受け、行政の代表として答弁を行なう。

その大前提に照らすと、それは、どうにも不可解な事態だった。議案提出側の市長が、委員会を飛び出してしまったのである。

きっかけはささいなことだった。自民系の議員が統括質疑の際に再質問したところ、細かな数字を問われたこともあり、馬場が「統括質問では市長の私のみがご答弁するという形態だったと記憶しております」と一言告げてから、自分の見解を述べていった。細かな数字を答えるには担当部長が答弁に立つ必要があり、統括質疑はそういう場ではない、と確認をしたわけだ。ところが、このちょっとした「確認」に、委員長を務めていた公明系の津田忠広議員がこだわった。

「冒頭の言葉は、私への、委員長への抗議という形で受け取ってよろしいでしょうか」

津田はそのように馬場に迫った。馬場は「決してそのようなことではございません」と返すが、津田委員長はさらに「私は委員長としては看過できません」と対決姿勢を鮮明にする。これによって、議事は動かなくなった。そして、初日の委員会がそのまま閉会となる。

注目された翌2日目の決算委員会。会場に臨んだ馬場は、なんと開会と同時に議席を立った。そして、事務方として臨席した職員に「みんな引き揚げて」と声をかけ、職員ともども会場から姿を消す。議案を諮ってもらう側が、全員で退席したのである。このシーンは、議事録で追いかけても異常である。以下、一切編集せずにそのまま掲載する。津田議員（委員長）の発言が連続するが、これは議事録通りの記載である。

【津田委員長】 では、昨日、総括質疑が途中になっておりました。阿部委員の総括質疑の指名まで進めておりますので、その後について予定どおり進めたいと思います。

では、阿部委員、お願いいたします。

（「委員長、委員長」の声あり）

【津田委員長】 今、指名はしておりません。阿部委員の総括質疑が始まっておりますので。

市長、市長、市長、いいですか、今、阿部委員の総括質疑を始めていますので、市長は指名しておりません。申しわけございませんが……。

（「委員長、暫時休憩とっていただけますか」の声あり）

【津田委員長】　申しわけございませんが、今、阿部委員の総括質疑を行なっております。よろしいですか。委員長の指示に従ってください。

（「暫時休憩してください」「議事進行してください」の声あり）

【津田委員長】　市長、市長、委員長の指示に従ってください。よろしくお願いいたします。

（「暫時休憩をとってください」の声あり）

【津田委員長】　よろしくお願いいたします。

（「議事を進行してください」の声あり）

【津田委員長】　それでは、阿部委員、お願いいたします。（「暫時休憩をとってください」の声あり）

【阿部委員】　去る10月1日……

（「委員長」の声あり）

安倍総理は社会保障を持続可能な……

（「部課長みんな引き揚げて」「妨害だ」の声あり）

市長、私の発言中ですよ。

（「申しわけありません……」「審議を妨害するんですか」「みんな引き揚げて」の声あり）

【津田委員長】　市長……。

【阿部委員】　失礼ではないですか。私の発言中ですよ。

【津田委員長】　市長、市長。

（「離席なんか認めてないぞ」の声あり）

【津田委員長】　今、「全員を引き揚げてください」という言葉はどういうことですか。

（「離席した職員は委員長命令違反だぞ」の声あり）

【津田委員長】　これはあれですか、市長みずからが……。

【阿部委員】　市長、失礼ではないですか。

（「問責だぞ、一人一人」の声あり）

【津田委員長】　市長みずからがこの議案に対して審議をしないということでよろしいんですか。それならば、この議案の付託を撤回してください。

（「1人で出ていけよ」「休憩を申し入れたのに」「構いません。みんな引き揚げて」の声あり）

【津田委員長】　付託を撤回してください。いいですか。

（「いやいや、一人一人問責だよ、こんなの。委員長命令違反なんて」「1人で出ていけ」「1人で出ていけよ」「引き揚げてください」の声あり）

【津田委員長】　これは、いいですか、市長側から出した議案に対しての審議ですよ。市長みずからが「行政職員を引き揚げろ」と言うなどというのは、これは当然許される行為ではありません。

〔市側退席〕

【阿部委員】　審議拒否するんですか。

（「おかしいよ」「ここは委員長の支配下なんだよ」「委員長の采配ですよ」「市側がみずから、市長みずから審議拒否なんていうのは……」の声あり）

【津田委員長】　暫時休憩いたします。

午前　９時33分休憩

午前　９時34分開議

【津田委員長】　休憩を閉じて再開いたします。

ただいま市長が行政職員全員を引き揚げろということで退席をいたしましたので、ここで暫時休憩をいたします。

午前　９時34分休憩

午前　９時36分開議

【津田委員長】　休憩を閉じて再開いたします。

市長が行政職員を連れて退席をいたしました。市長を初め市側につきましては、一刻も早く、直ちに席に戻るようにお願いを申し上げます。委員長からのお願いでございます。審議ができません。審議をするためにも、市側につきましては席にお戻りになりますよう、よろしくお願い申し上げます。

では、市側が戻るまで休憩いたします。

このまま再開されることなく、午後4時56分に散会となる。

議会は揚げ足取りばかりで話にならない、というのが馬場の本心だったのだろう。感情的といえば感情的な行動ではあるが、2日目の開会と同時に退席している事実に照らせば、一晩考えての計画的行動でもある。もはや馬場としては、議会との良好な関係など望まない、ということだったのかもしれない。

決算委員会自体は翌日に再開され、最終的には、これによって大きな損失が生まれたわけではなかったが、馬場と議会の関係はもはや修復不可能な状態となったという点では、この一件の持つ意味は大きい。

馬場はこの退席から約1カ月後に、2期目の不出馬を表明する。

裏切りの情報公開拒否

情報公開についても触れておきたい。

さまざまな異例なことが起こった馬場市政だったが、結局のところ、情報公開が最大の問題だったのかもしれない。

イオン問題を筆頭に争点が明確にあった市長選挙だったが、実はその期間中、馬場がもっとも強調していたのは、情報公開の徹底であった。馬場はそれを「情報公開、市民参加、市民との対話による合意形成」というキャッチフレーズにして、多くの場所で口にした。その背景には、野崎市政がトップダウンのような形で行財政改革を行なったという経緯がある。馬場はこの姿勢を痛烈に批判し、だからこそ、「市民参加でイオン誘致計画を見直し」や、「みんなの会」との政策協定で「今後の保育サービスのあり方検討委員会の設置」を盛り込むなどしたわけだ。さらに馬場は、タウンミーティングの開催も公約に掲げており、これについては議会の修正で予算が削減されてはいるが、限られた条件の中で実現にこぎつけている。

何にせよ、イオン誘致や保育といった大きな問題に対して市民みんなで考えていこうという姿勢は市民にとっては歓迎すべきものであり、間違いなく、情報公開の推進は馬場に期待される重大項目の一つだった。

しかし馬場市政が終わったいま振り返ると、実態は、まったく逆であったと指摘せざるを得ない。ここでは、象徴的な例を2つ挙げたい。

一つは、イオン問題での情報公開だ。

誘致計画に疑問を持っていた馬場がなぜ誘致推進の決断をすることになったのかは事業者との協議(交渉)の中身を見ることで追えるはずだったが、その協議の公開をめぐって馬場の姿勢がくっきりと浮かび上がる場面があった。イオン誘致の市長報告を行なった、2011年6月議会のことである。

市長報告の中で馬場は、「頂戴した市民のご意見を受け、土地所有者、事業者と協議を重ねてまいりました」と述べているのだが、この部分について、議員から、どのような協議を重ねたのかという質

東久留米市長選を報じる地元紙（タウン通信・2009年12月9日号）

問が相次いだ。どのような話し合いをしたのかによって、馬場の本気度、力量、リーダーシップが計れるわけだから、これは当然の質問だろう。また、その中身が明確になれば、本当にイオン誘致計画の中止が難しいものだったのかどうかも見えてくる。

ところが、その協議の公開は、言下に拒否された。

議員の一人が「馬場市長が土地所有者、事業者とどういう協議をされたのか、その内容が分かるものを資料請求させていただきます」と要求したところ、担当部長は「録音は行わない、内容については非開示にするとの申し合わせの上で、協議しましたので、協議議事録というのは作成していません」とこれを退けた。議員は「これだけ大きな判断をしたのだから、それは公開されるべきだと思います。せめて要点筆記だけでも作れませんか」と食い下がったが、今度は馬場自ら答弁に立ち「公開をしないと申し合わせのうえの協議なので、相手の方がどう言ったとかこう言ったというのを出すのは難しいです」と情報公開を拒んでいる。

政治不信への一歩

これは、情報公開という点で、二重に問題をはらんでいる。一つは純粋な意味での情報公開である。本来であればその交渉過程をつまびらかにし、市民に十分な情報を提供したうえで、市民の「合意」を取っていくのが手順である。計画の進行具合や事業者の内情などを可能な限り公開すれば、場合によって、市民の側から「これはこれ以上の計画反対を唱えるのは無理だよ」といった声が出てくることだってあったかもしれない。それこそがまさに、「情報公開、市民参加、市民との対話による合意形成」の姿である。情報がきちんと提供されないままでは、市民もその決定に納得ができるはずがない。第一、市長が本当に戦ったのかが分からないままとなり、「丸め込まれたのではないか」「最初から戦う気などなかったのではないか」といった疑念を招くことになる。月並みだが、政治不信につながるわけだ。

そして、この点――すなわち「本気で戦ったのか」という点こそが、もう一つの重大なポイントとなってくる。端的に言って、協議の過程を非開示にすることを了承した時点で、馬場は「交渉に負けた」のである。

本気でやり抜くつもりであったなら、協議そのものの前に、協議過程を市民に堂々と開示するということを事業者に約束させなければならなかった。非開示に応じた時点で、主導権はすでに向こうにある。要するに馬場は、自ら公約に掲げた「情報公開」を、もっとうまく使って、武器にすることができたはずなのだ。仮にイオン誘致を計画通りに進めるしかないという結論に達したとしても、その過程で馬場が必死に食らいついていたと分かったなら、市民はしぶしぶながらも納得したに違いない。その納得が得られていれば、その後の市政がもっと違ったものになったはずだ。少数与党という制約の中で戦い抜くには、市民を味方にするしかない。しかし、そのための武器を、馬場は自ら捨ててしまった。

しかも、話はここで終わらない。議会での前述のやり取りの20日後、驚くべきことが起こった。あれだけはっきりと「非開示です」と突っぱねたにもかかわらず、結局、この交渉のメモが公開されたのである。

この公開は前向きな変更だとはいえるが、「ぶれた」という事実には変わらない。皮肉なことではあるが、難しいとしていた情報が公開されたことは、逆説的に、それまで情報公開にベストを尽くしていなかったと証明することになった。

ボイコットされた説明会

もう一つ、保育園民営化をめぐる情報公開についても、トピックを紹介したい。これは厳密な意味では「市民との対話」という話になる。

先に記した通り、保育園民営化についてはまず「あり方委員会」をつくり、市民との話し合いの場を経て保育行政の形を決めていくという前提があった。しかし、馬場は唐突に「民営化こそが唯一の選択肢」と宣言し、文字通りトップダウンで民営化を進めてしまう。このとき、直近で民営化の実施が予定されていたところに「みなみ保育園」があったわけだが、その保護者たちの反発は強烈なものだった。同園の保護者を対象にした市の説明会に、誰一人、参加しなかったのである。

しかも、保護者たちのボイコットは2回続いた。園の民営化という重要な事項の説明会に対して参加者が0人という異常事態のなか、保護者らは「決定事項として説明する前に、『市民参加で保育のあり方を検討する』という公約を守ってほしい」と要求する。次の議会に向けて急遽行なわれた署名活

東久留米市予算 半年かけ可決

公明の修正案で急展開

予算特別委　主導権保持図る？

予算特別委員会で予算案が可決され安堵の表情を浮かべる馬場市長（前列中央。15日午後10時20分、東久留米市役所で）

3月議会から2度にわたって否決されていた東久留米市の今年度一般会計予算案は、22日の市議会で可決。予算案を巡る混乱は一応の決着をみた。公明党が急きょ出した修正案とはいえ、予算案が可決されたのは、馬場一彦市長に批判的な同党などの議員の間で、市政が停滞することへの懸念が強まったことが背景にある。議会で主導権を確保したいとの思惑も絡んでいるようだ。（中居広起）

深層追跡

■ 1票差

「今回も厳しいと思っていただけに、ホッとした」。予算案が通った後、ある市幹部は安堵の表情を浮かべた。この日の本会議では、公明党の出した修正案に対し、自民クラブ、みんなの党など11人が賛成、共産党、社会・市民会議、市議会民主党など10人が反対し、1票差で可決された。

公明党が修正案を出してまで予算案の成立にこだわったのは、「予算に反対してばかりでは政策の実現は図れない」との危機感があったためとみられる。

修正案は、執行部が提案した当初予算案から、プレミアム商品券の事務経費（100万円）を削ることで、①事業仕分け②幼児教育施設を利用する保護者への補助③財政調整基金への繰り入れ――といった同党の主張に沿った政策を計上する内容だった。ある議会関係者は、「市政運営を危惧する支持者から、突き上げがあったのでは」とみる。

■ 想定外

また、馬場市政と距離を置いてきた共産党の動きが引き金となった、との見方もある。

当初予算案の行方が事実上決まる15日の予算特別委員会で、採決を前に、共産党は急きょ休憩を提案した。

関係者によると、この行動が「共産党が執行部案に賛成するのでは」との臆測を呼び、審議が一時ストップした。共産党が賛成に回れば、執行部案が可決される可能性が出てきたためだ。

これを受け、主導権をとれることを懸念するなどした一部議員らの間で、公明党が策定した修正案に他会派を巻き込んで可決させる案が急浮上したという。

実際、審議再開後、公明党は修正案を提案。共産党は、「防災対策やプレミアム商品券など大切な中身を含んでいる」などとして執行部の予算案に賛成の立場を表明し、修正案には「突然の提案で十分な議論ができていない」と反対した。

結局、委員会では修正案を可決、本会議に送られた。

ある市幹部は、一連の動きを踏まえてこう明かす。「想定外の事態だった」

■ 火種なお

今回、予算案が通ったものの、馬場市長の市政運営は安泰とは言い難い。議員の多くが、市長の政治姿勢を「一貫性がない」などと批判しているためだ。

その火種の象徴と言えるのが、南沢5丁目地区に大型商業施設を誘致する計画を巡る対応。馬場市長は誘致の見直しを掲げて当選したものの、就任後、容認の立場に転じた。22日の本会議では予算案が通った後、早くも、公明党だけでなく共産党もこの問題を追及。市が進める保育園の民営化についても賛否が出ており、混乱は今後も続きそうだ。

東久留米市 イオンSC誘致計画

不手際次々

着工いつ？

イオン「答えられない」

東京ウオッチ

イオンショッピングセンター（SC）の誘致計…って東久留米市が揺れている。計画に関連して市…ルタント業者に委託した業務の報告書をめぐり、…の「文書隠し」が発覚。それをきっかけに、監査…時監査に入った。市は「来年秋にも着工」との…すが、イオンは「時期を答えられる状況にない」…り、先行きの不透明感が強まっている。（…

定例市議会初日の今月3日、本会議は午後11時40分まで続いた。昨年2月に提出された、コンサルタント業者の「地区計画策定業務報告書」に関する野崎重弥市長の報告で、市の不手際が次々と明るみに出たからだ。

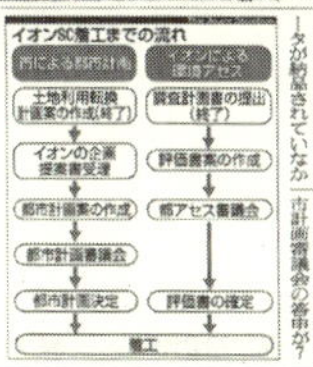

東久留米市政の混乱を報じる全国紙

（上＝読売新聞 2011年9月24日／下＝朝日新聞 2007年12月13日）

動では、「みなみ保育園の廃園撤回を求める請願」に対して、約2カ月の間に1万3209筆もの署名も集まった。

ところが、こうした保護者らに対して、馬場は、「説明会の参加者がいなかったからといって計画は変えられない」と突っぱね、「市民との対話」を掲げた市長とは思えぬ姿勢を見せた。

馬場にしてみれば、対話の「場」は用意した、ということなのかもしれない。また、「みなみ保育園」は都営アパート建て替えに伴う民営化であり、時間的な制約から仕方がないという面もあったのだろう。

ともあれ、どんな理由、あるいは言い分があるにせよ、この一連の経緯が「市民との対話による合意形成」を明確に否定したという事実は変わらない。

第二章　縮小する財政

挫折した馬場の「理念」

馬場市政での異例な事件としては、もう一つ、予算の専決処分という大きな出来事があるが、これについては【三章】で詳述する。

ここでは、なぜここまで公約違反があり、異例事態が続いたのかということを、馬場にもいかんともしがたかった「財政」の視点で考えてみたい。

取材をしていくと、特に選挙応援をした人たちから「結局彼は、市長になりたかっただけなのだろう」といった声が聞こえてきた。票につながりそうな事案をうまくかき集め、さらに民主党ブームの波に乗っただけ、という見方だ。詳細を書くのは控えるが、個人の財産にかかわる話を口にする人もいた。要するにそういう見方をする人たちの結論は、「馬場はより良い収入を得るために、職業として市長になった」というものである。

なぜこのように見られるかといえば、一つには、転向が早かったということ、そしてもう一つには、馬場が市長職に固執しているように見えたことがある。

就任半年でイオン誘致推進に転向した馬場に対し、議会は「イオン問題は市長選挙での主要な争点だった。その重要公約を曲げたのだから、改めて信を問うべき」として、「公約違反に対して再度民意を問うことを求める決議」を採択するなど、再選挙を要求していく。さらに、その後の市政混乱の中で、議会は馬場に対して辞職勧告決議を5議会連続で行なっている。

ところが、それだけの逆風にあっても、馬場は4年の任期を満了した。並みの神経ではないように思われる。そのころの雰囲気を伝えるエピソードとして馬場自身が口にした回想に、全国紙の記者から「私が馬場市長の立場だったら、耐えられなくて首を吊っていますよ」と言われたというものがある。記者が大げさに言ってみせたものだとしても、実際、イオン反対や保育園民営化反対の人々が集まる場で計画推進の説明を行なうことは、憂鬱以外の何ものでもなかったはずだ。議会は毎回紛糾したし、陳謝、減俸は珍しくもない状況となっていた。コミュニティバス断念を打ち出した際にはその責任を取るとして自ら給料カットを申し出、2012年1月の月額給料は、本来なら96万円あるところが、半分以下の、38万4000円にまで減っている。

それでも市長の座を下りなかったということは、「これだけは成し遂げたい」という強い理想があるのかとも思われるが、4年間の政治を見る限り、特にそうした新しい政策は見当たらない。となると、なぜ馬場は市長職にこだわり続けたのだろうか。

その答えを見つけ出せない人たちは、なんとか納得できるものとして、「志などなく、とにかく市長になりたかっただけなのだろう」という推測を口にしていった。

しかし、さすがにこの見方は、馬場に対してあまりにも冷たいものと思われる。選挙応援をしたのに公約違反されたという恨み節からそうした厳しい言葉が出るのかもしれないが、馬場に志がなかったとは思えない。私自身の体験でいえば、市長選挙のときにインタビューを行なっているが、馬場は確かに理想を語っていた。

馬場が制した２００９年12月の市長選挙はイオン問題、保育園民営化に象徴される行財政改革の是非といったものが大きな争点となっていたが、その中でも馬場は、「地域行政のあり方」と「市の将来像」について語っている。前者でいえば、先にも挙げた「情報公開、市民参加、市民との対話による合意形成」というものだが、これを実現するものとして、馬場はタウンミーティングを公約に掲げている。さらに、公報には載せていないが、自治基本条例の制定を目指しており、市民参加の地域自治について、理想を持っていたものと思われる。

後者の「市の将来像」については、私がインタビューした際には「人口が重要」と明言している。「東久留米は近隣市との『人口獲得競争』に負けている」という認識を持っており、「子育てをキーワードにした町づくりをしたい」と示していた。子育てをしやすい町にし、それによって働く世代、すなわち担税世代の人口を増やし、税収を上げていく。また、子どもを介したコミュニティを生み出し、住み良い町をつくっていく。そういうイメージである。

それらがベースにあることを踏まえると、巨大なショッピング施設をつくって他エリアから買い物客を呼び込もうという政策は理念にそぐわないものになるし、保育園の全園民営化なども市のかかわりを薄めるものになる。馬場は「公営保育園を基幹に、その周辺に民間保育園や家庭福祉員がいるというサテライト型が理想」と議員時代に話しているが、一律民営化というのは確かに多様性を欠くことにもなる。コミュニティバスにしても、子どもを介した交流を促すという点で、子連れの若い母親たちの足として重要な役割を果たすものだと言える。イベントを含んだ子育て支援事業は、公民館や図書館、地域センターなどを会場に行なわれることが多いが、それらに参加するときに、コミュニティバスがあれば確かに便利だろう。

このように整理すると、馬場の挙げた公約は、決して「票に結びつきそうな項目」の羅列などではなく、理念にそった具体策だったと判断できる。それなのに、具体策でことごとく挫折してしまったのはなぜなのだろうか。

ゆとりなき市財政

身も蓋もない言い方になるが、これらの挫折については、「金」の一言で説明することができる。一応一言添えておくが、馬場がそのように言ったわけではない。それは、あくまで「傍から見て」の解釈になる。

ただ、「金がない」という現実を持ち出すと、すべてがすっと納得できる。少し歴史をさかのぼって見ていきたい。

東久留米が団地造成とともに爆発的な人口増を遂げた市だというのは、ここまで再三繰り返した通りである。このときに増えたのは20代、30代を世帯主とする核家族が大半。彼らの多くは都心の会社に通い、月給を得た。その所得に対してかかる個人住民税が、市の主な収入源となっていく。

野崎市政のもとでイオン誘致が進められていた2007年に市が『新たな産業のあり方調査報告書』をまとめているが、これによると、法人市民税・固定資産税・市たばこ税などの「市税」における個人住民税の占める割合は、全国平均では29・1％なのに対し、東久留米では42・7％と比重が高い。市内に目立った法人は少なく、上場企業は釣り用品（DAIWA）などの製造・販売を行うグローブライド株式会社の1社だけ。大規模施設としても、コカ・コーライーストジャパンプロダクツ株式会社多摩工場、山崎製パン株式会社武蔵野工場などがあるに過ぎない。当然ながら法人市民税は少なく、全国平均では市税全体に対して12・6％を占めるのに対し、東久留米市はわずかに3・9％となっている。

このように歳入において個人住民税を頼る構造があるなかで、東久留米で問題となっていくのが、住民の高齢化、端的に言えば、担税世代の減少である。

20代、30代で移住してきた人々は、40年が経ち、60代、70代となっている。市の推計によれば、2018年の市の高齢化率は30％超（国全体の推計は2020年に29・1％）。ちなみに、日本社会大学が実施した調査結果によると、滝山団地だけで抽出した場合は、その高齢化率は2010年時点で41％に達するという。

少々余談ながらさらに付け足すと、この調査はより驚くべきデータも弾き出している。滝山団地だけで見た場合、その高齢化率は推計で10年ごとに20％超のペースで増えていく。すなわち、2020

年には69・4％（市全体は30・1％）、2030年には81・4％（同32・7％）という、ちょっと信じられない値を示している。

このような高齢化及び担税世代の減少と同時に問題なのが、所得の減少である。住民の所得が減れば、税収も減っていくことになる。

では、個人所得はどのように推移しているのだろうか。

日経平均株価が市場最高値の3万8957円44銭をつけた1989年では、東久留米市民の所得のある一人当たり所得は382万9425円である。以降、年ごとに追うと、順に、90年＝428万4617円、91年＝453万4222円、92年＝457万8855円となっており、わずか4年で約75万円も所得が増えている。

この92年が東久留米でのピークで、以降は景気後退に伴って徐徐に減少し、21年後の2013年では346万5465円となっている。実に、所得のある個人の年収が20年で100万円以上も減ったということになる。

1992年が一人当たり所得のピークということから自然な結果ではあるが、東久留米市の市税のピークは1993年となっている。この年の市税収入は約174億5000万円。それが、ここ最近では、約160億円で横ばいという状況になっている。

このような市税の減少が見られるなか、市の財政状況は年々悪化していく。指標となる数字は幾つかあるが、市税の話の延長でいえば、市税と義務的経費の関係を挙げておこう。

歳入にはいろいろな項目があり、たとえば市債といった借入金もあるが、純収入とも言うべき「市税」の利点は、それを自由に確実に使える点にある。一方、必ず支払わなければいけないお金としてあるのが、人件費や扶助費、公債費といった「義務的経費」である。市税がピークを迎えた1993年で見ると、その差は約34億4000万円あった。ゆとりがあったと言える。ところが、市税と義務的経費の収支は、1999年に逆転する。市税収入だけでは義務的経費を払えない状態に突入するのである。以降、その差はどんどん広がり、2012年では義務的経費のほうが約30億円多い状況となっている。東久留米市財務部がまとめた『財政分析』によると、1993年から2012年の19年で、市税は約14億8000万円減少し、義務的経費は約49億2000万円増えている。

4倍増の社会保障費

市税が減り、義務的経費が増えるという厳しい財政状況は、東久留米においては、よほどの手を打たない限り、好転する見込みがない。改めて確認する必要があるが、担税世代が減少しているからだ。担税世代の減少は、単に所得のある人が少なくなっていることを示すだけではない。それは同時に、福祉や医療の利用者の増加を意味する。すなわち、義務的経費に含まれる扶助費が増えていくこととなる。

扶助費は、社会保障として給付される金品のことを指すが、周知の通り、昨今は医療費の助成や生活保護費などが増加し続けている。東久留米の場合、1990年に約24億円だった扶助費は、201

2年には約105億3000万円にまで拡大している。しかもこの2012年の金額は、高齢者福祉の大半を除いたものである。

高齢者福祉に関しては2000年の介護保険制度導入以降、「介護保険特別会計」での別建てとなっている。こちらの規模拡大も無視できない。2000年に約27億円で始まった介護保険特別会計は、2011年には約60億円という規模となる。特別会計はその事業単体で収支を合わせることが前提だが、採算は合わず、一般会計からの持ち出し（繰出金）も年々大きくなっている。その額は、2011年では10億円を超える。

ここまでくると当然、自主財源だけでは財政を維持していくことができない。そこで借金を重ねることになる。その状況を一つデータで示すと、1986年には決算額における自主財源額が70％を超えていたが、2012年では、50％を切るまでになっている。つまり、2012年の東久留米市の決算は、その半分以上を依存財源でまかなわなければ成立しなかったということである。

財政がこれだけ苦しければ、歳出を見直すことになるのは、必然の流れである。その中で、保育園を始めとした各施設の民間委託や、公立幼稚園の廃止などが打ち出されてくる。野崎市政が強力な行財政改革を行なったのは、こうした状況があったからである。

野崎は就任翌年の8月に「財政危機宣言」を発し、行財政改革への舵を切ったが、このとき野崎を駆り立てたのは、「自治体の貯金」とも例えられる財政調整基金が、残り約7億5000万円にまで減っていたことだった。市の見解によると、財政調整基金の額としては基準財政需要額の1割程度が理想という。東久留米の場合、約20億円になる。問題なのは、この「貯金」を取り崩さなければ予算編成ができないことであり、このままいけば、数年で財政破綻してしまうのが目に見えていたことだった。まさに「危機」と言うべきものである。

そこで野崎は「2006年度予算は財政調整基金に頼らない編成を行う」ことを目標に掲げ、広報誌などを通じて、市民に財政状況の厳しさを訴えていった。そして、緊縮財政を敷くとともに、新たな歳入の道を探していく。そこで浮上したのが、大型ショッピング施設だったわけだ。

「イオンのため」の市道建設

市内に広大な遊閑地があり、そこに目をつけるのは必然だったとして、なぜ大型ショッピング施設という話に進んだのだろうか。

もともと土地所有者はマンション建設を考えていたというのは前述しているが、これは市にとって、必ずしもありがたい話ではなかった。もちろん個人住民税、固定資産税により税収は上がるわけだが、一方で、特定の年代の急増が懸念され、学校の教室の拡張などで支出を伴う恐れがあったからである。議会の答弁によれば、その額は約2億円とも見積もられていることは前述した。

先にも触れた『新たな産業のあり方調査報告書』では、「住民増ではない形の税源をつくるには増収構造の変化が必要」として、「高齢化や人口減が予測される中、(中略)、法人の市民税に重点を置いた税収構造へとシフトし、安定的な税収基盤を築くことが課題」とうたっている。

こうして企業誘致が市の方針となり、イオン誘致はその流れのなかで進んでいった。市では、イオン誘致のほかにも、大規模団地の建て替えなどに伴って余剰地の生じるエリア（上の原地区）に企業誘致をしようと、2014年現在も取り組んでいる。

そうした背景を追うと、改めて、2009年市長選挙は、「企業誘致か住民増か」という市の将来像を問う選挙だったと確認できるが、ここでそのことを深追いするのはやめておく。

ともあれ、イオン誘致において、市の財政問題があったということは確かである。そして、スタートが金の問題から始まったこの一件は、決着もその面でつけられたと見受けられる。

計画自体は遅々として進まないなか、周辺環境は徐徐に整えられていった。近くを走る所沢街道と建設予定地の間には整備された道がなかったため、まず、市道の建設が進められていく。これは、最終的には近くで建設中だった別の街道と結ばれる計画で、320メートルあるうち、150メートルを市が建設、残りの170メートルは事業者が整備したうえで市に無償提供する、という建設計画で進められた。このために市が要した建設費は約7億円。都から約5億円の補助金も受けている。

この市道については「イオンのために市が道まで造るのか」と市民から批判の声も上がったが、その遊閑地に何を建設するのであれ、道路は必要に違いなかった。そうして結局は建設されていったことで、イオン誘致中止がより難しくなっていく。馬場は市長就任直後に、野党議員から、「もし計画が流れた場合、事業者の整備分を買い取る必要がある。これを市がやるとなったら、大変な財源の持ち出しになります。そういうことも頭に入れて今後の対応をお願いします」と釘を刺されてもいる。

中止の賠償額に10億円？

「5億、10億の金なら何とでもなりますよ」と言える状況なら話は違っただろうが、財政危機宣言を解除した後となっても、この頃の東久留米の財政は依然深刻な状況にあった。この頃の財政難を示すキーワードが、「毎年10億円の赤字」である。市では2009年に『第4次長期総合計画のための基礎調査報告書』を発行しているのだが、その中でこの先10年間、毎年約10億円前後の財源不足が出ることを見込んでいる。

より具体的なところに触れれば、馬場による最初の通年予算となった2010年度予算では、「市の貯金」と称される財政調整基金を約5億円取り崩したうえ、廃校となった小学校跡地などの売却益約15億円を歳入に充てている。なんとか歳入をひねり出したという相当に緊急的な措置である。

このように、市にはまったく財政面の余裕がないという中で、イオン誘致の見直しが検討されていく。だがそれは、先の市道の件を見ても、もはや金銭面で仕切り直しのきくものではなかった。

加えて、何より大きな懸念としてあったのは、事業者と裁判になり、市が損害賠償を求められるケースだった。この頃しきりに語られたのは、賠償額は10億円というものである。実際に裁判をしてみなければそこはどの程度必要だったのかは分からないが、事実として、市の計画が進まない間も土地所有者が固定資産税を納めていたということがある。議会では、その額について年間5000万円とも6000万円とも指摘されている。ざっと10年間でも5億円を超える。市の計画に付き合わなければばマンションを建設できたと主張されれば、市の立場は著しく苦しいものとなる。

実際、馬場は3人の弁護士に相談をしたという。その結果は、いずれも「状況は非常に不利」というものだった。誘致推進の決断に至った理由を馬場はこう振り返る。

「確かに近隣でも、マンション建設と景観をめぐって訴訟になった国立市の上原公子元市長の例はあります。しかし、国立の場合は、損害賠償になってもせいぜい数千万円程度のこと。東久留米の場合は10億円とも言われ、しかも状況はかなり市のほうが不利でした。これでは戦えません。11万6000人市民をそこに巻き込むわけにはいきませんでした。

イオン問題が争点だった市長選挙の最中に地区計画の知事同意が得られていたわけですから、それをもとに前の市長を責めることもできたかもしれません。でも、それをやりすぎると市がぐちゃぐちゃになってしまいます。また、仮に私が裁判を起こすとなれば、自治体を代表する市長自身が市を訴えるという妙なことになってしまいます。

そういう厳しい状況があって公約破棄をせざるを得なかったのですが、『転んでもただでは起きない』というつもりで、『地域貢献に関する市民検討会』をつくりました。確かに公約違反はしましたが、少しでも市民のためにできることはやったと思っています」

このとき馬場にとってつらかったのは、「賠償する余裕がないから計画を進めざるを得ない」とは言えなかったことだろう。馬場は、市議会議員を3期務めてきている。仮にそんなことを口にしようものなら、「きちんと精査せずに見直しを訴えてきたのか」「議員だったのだから、市の財政状況はよく分かっているはずだろう」と糾弾されるのがオチだっただろう。

状況から推察するに、市長になった馬場が本当に直面したのは、「イオン計画が思っていた以上に進んでいた」ということよりも、「初めての予算編成を通して市の財政状況の深刻さを心底理解した」ということだったように思える。

「三位一体改革」がもたらした民営化

金の面から見れば、保育園民営化の問題は、もっとはっきりとしている。

馬場の市長時代にあった具体的な案件を例に取れば、「みなみ保育園」の場合、0歳から5歳児の90人を受け入れていたが、これを民設民営に移行すると年間で約6500万円の経費削減効果が見込まれていた。

議会の答弁から拾うと、2010年度の見込みで比較したとき、公設公営保育園でかかる児童一人当たりの行政負担は約136万円。対して、民設民営保育園での同負担は約63万円となっている。2倍以上の開きがある。

なぜ、公営と民営でここまで差が出るのだろうか。その理由としては、補助金の違いが大きい。その違いを生み出したのは、2004年度から2006年度にかけての三位一体改革である。

地方の自由度を高めることを目的に税源移譲などをはかった三位一体改革により、公立保育園に対する国からの運営費補助金は一般財源化されている。すなわち、補助金としては廃止し、使途を問わない地方交付税として分配されることになったわけだが、これによって自治体は財政上の負担を強いられることになった。

これ自体、自治体にとっては大きな変更だったのだが、加えてもう一つ、肝心の財源に手を突っ込まれているのが痛かった。地方交付税自体が大幅に減額されているのである。三位一体改革に直面した当時の野崎市長は、その影響について、「地方交付税等の総額で比較した場合、2003年度実績と2006年度予算の対比では、22億8000万円の減少になります。税源移譲のプラス分を飲み込んですさまじい地盤沈下であると言わざるをえません」とその衝撃を語っている。そのうえ、東京都もこの時期に、保育園への運営費負担金などの財政支援を廃止している。

一方で、民間保育園が行う延長保育などのサービス提供に対しては国からの補助金が続く。こう見ていくと、小泉政権によって行なわれた「官から民へ」という方針は、一見、地方の自由度を高めるように見せたが、その内情は「実弾」によって自治体の選択肢を奪っていたのだとも言える。

これらに加え、保育の場合は、特殊な事情もある。人件費を削れないという面である。

保育はほかの事業に比べて、圧倒的に人手がかかる。児童福祉法に基づく基準では、0歳児3人に対して職員1人、1~2歳児6人に職員1人、3歳児20人に職員1人、4歳児以上30人に職員1人を配置するように定められている。園数、児童数が減らない限り、職員を減らすことはできない。身分保障のされている公務員の場合は嘱託職員などに人員を入れ替えることも難しく、職員の高齢化とともに給料総額も上がっていく。子どもの問題をそういう議論にしてよいのか疑問は残るが、それでも事実としては、公設公営保育園は、確かに財政面の負担がある。

ブレた原因はなにか？

コミュニティバスも分かりやすい。

各市ともバス会社に事業委託するなどして、なるべく経費負担がないように努力しているが、採算の見込みがないから民間バスが走らないという空白地を運行する性格上、そこで利益を出すのは至難の業である。武蔵野市の「ムーバス」など黒字を達成した路線も確かにあるが、多くのコミュニティバスは赤字に苦しんでいる。

東久留米が調査研究の対象にしたという隣接市の西東京市の場合で見てみよう。西東京市では西武バスと関東バスに事業委託をし、27～44人乗りの中・小型バスを5ルートで走らせている。運賃は100円で、利用者数は年間で130万人以上。

それだけの乗降車数があっても、実質は年1億円以上の赤字である。そのため、2013年8月には一般利用者の料金を100円から150円に値上げもしている。それでも、黒字に持っていくにはほど遠い。

馬場がコミュニティバス実現を見送ったのは2011年12月議会でのことだが、この段階で編成中の2012年度予算案において「約19億円の財源不足」になることが分かっていた。19億円もの赤字という状況の中で、場合によっては1億円近く持ち出しになる事業にはとうてい踏み込めない、というのも道理ではある。

起こった事実だけを見ていくと、あまりにも転向の目立つ、ぶれた市長というイメージだけが残る馬場だが、こう丁寧に見ていくと、その判断にはそれ相応の道理があったことが分かってくる。

それであれば丁寧に説明をしていければよかったのだろうが、決算委員会退席が象徴的なように、完全に議会との対立関係をつくってしまったことが、自身を窮地に追い込むこととなった。

それは馬場一人の責任と言えるのか。次の章で、議会について、考えてみたい。

「少数与党」の悲哀

取材を重ねる中で幾度か聞いた言葉に「ここは政争の町だ」というものがある。伝統的に、議会は荒れる傾向があった。過去にはひどい汚職事件が繰り返され、2000年以降でも、市職員が不透明な契約を行なったとして百条委員会が開かれている。議員同士で裁判を行なった例もあるし、議員への辞職勧告決議や猛省を求める決議なども行なわれている。

一応そのことを確認したうえで、基本的なところから紹介していきたい。

まず、東久留米市議会の構成だが、定数は22議席である。馬場が市長に就任した2010年1月の段階では、市議会議員から2人が市長選挙に立候補したため、議員は20人になっていた。周知の通り、地方議会では、政党もあるが、基本的には会派で動く。例えば自民党内で複数の会派に分かれているケースもあるし、複数の党が一緒になって一つの会派を形成することもある。この点、東久留米の場合は分かりやすく、党と会派がほぼ同一だと言える。

以下、会派にそって自民系、民主系といった表記で統一するが、馬場の市長就任時の議会構成は、自民系5人、公明系5人、共産系3人、民主系2人、社民系2人、一人会派が3つ、というものだった。

一人会派の議員がキャスティングボートを握ることになるが、イオン問題や行財政改革へのスタンスから見て、与党8人、野党11人、と分けることができた（議長除く）。

これが、2011年の市議会議員選挙によって、若干、構成を変える。自民系5人、公明系5人、共産系4人、民主系3人、社民系2人、一人会派3つ。支持から対立に移った議員が複数おり、与党、野党という分け方は難しいが、最終的なところだけ記せば、与党2人、野党19人となった（議長除く）。

国会と違い、直接選挙によって市長が選ばれる地方議会の場合は、与党、野党という考え方はない、とされている。しかし、実際には、地方議会にも政党政治が持ち込まれている。そして、市長の所属によって、それを支える与党と、対立する野党とに明確に色分けされる。ここが二元代表制の面白いところでもあり、難しいところでもある。国会のように与党から首長を出すわけではないから、選挙の結果によって、市長を支える側が少ない「少数与党」という現象が起こる。市民からすれば、自分たちの代表として行政に市長を送り込んでいるはずだが、同時に自分たちの代表として議会に送った議員によって、市政が動かなくなるという奇妙な状況が生じることになる。

与党が圧倒的多数で、数を力に何でもかんでも自由に進めていくのは問題だが、一方で、少数与党によって、ほとんどの物事が動かなくなるというのも市民としては納得がいかない。議席数が拮抗し、議案によって是々非々で進められるというのが理想的な姿なのかもしれないが、現実はそうきれいにはいかない。となると、市長には野党とうまく折り合いをつけていくことが求められてくるのだろうが、東久留米では対立を深める一方となった。

始まりは、就任直後の3月議会で提案した「暫定予算案」である。

通常の議会は3月、6月、9月、12月と実施され、3月議会で翌年度の通年予算を審議する。馬場の場合は就任が1月20日であったため、直後の3月議会に2010年度の予算案を提案しなければならなかった。議案提出するための期限は、1月29日であった。

わずか9日で予算案をまとめるのは無理だと判断したのだろう。馬場は3月議会には1カ月分の暫定予算を提出し、翌4月に臨時会を開く意向を示す。自分の政策を盛り込んでじっくりと予算案を作りたいという思いがあったことと想像される。

しかし、ここに野党議員が噛みついた。「暫定予算案では、市長の姿勢が見えない」と、対決姿勢を鮮明にしたのである。

暫定予算は、通年予算が否決された場合や災害などの非常時などに適用されるもの。一般的には、政策的なものは含まず、職員の人件費や光熱費など必ずかかる経費だけで構成されている。いわば応急処置とでも言うべきもので、これが通らなかった場合、必要経費が支出されないため自治体の運営が滞る恐れがある。しかしながら、政策的な事案を盛り込んでいないため、否決されるケースはほとんどない。

異例の暫定予算案

ところが東久留米市議会は、馬場に洗礼を浴びせるようにこれを否決した。

この判断について、「100％市民派」を標榜する宮川豊史議員（一人会派）は、こう解説する。

「年度前の暫定予算は法律違反です。地方自治法第211条では、『普通地方公共団体の長は、毎会計年度予算を調製し、年度開始前に、議会の議決を経なければならない』と定めています。

そうした問題とは別にしても、代わったばかりの市長がいきなりの暫定予算では、たとえば職員の給料を減らす考えがあるのかどうかなど、政治方針が見えず、認めるわけにいきません」

行財政改革へのスタンスが問われた市長選挙であったことを考えると、この説明は説得力がある。

しかし傍からは、この一件は、数を力にした議会の横暴に見えた。少数与党という状況の中で、議会が「市長いじめ」を始めたという見方である。実際、朝日新聞の地域面は、「市幹部らによると、義務的経費だけを盛り込んだ暫定予算案の否決は『ほかでは聞いたことがない異例の事態』」（2010年3月17日付）と報じている。

ところが後にはっきりしたところでは、「異例」なのは3月議会に暫定予算案が提出されたことのほうだった。否決後の議会で議員が前例について質問したところ、市職員の答弁で、「3月議会に暫定予算案が提出された例は、過去に青森県藤崎町だけしかない（同町で2回）」ということがわかったのだ。

通常、就任の日程の関係などで3月議会への通年予算案提出が難しい場合、まずは「骨格予算」を作成するのが基本形となっている。それを通したうえで、後の議会で肉付けしていくという手段が取られるわけだ。後で肉付けするという点では、暫定予算と似ているようにも思えるが、必要経費だけでつくる暫定予算と市長の方針を盛り込む骨格予算では、内実はまったく違う。

こうした理屈から議会は、3月議会に出された暫定予算案を否決し、その直後に開かれた臨時会で、まったく同じ中身の暫定予算案を可決する。同じ中身となったのは必要経費を盛り込んだものだから当然のことであり、後者だけ通ったのは、本来の「応急処置」の暫定予算という点から筋は通っていた。

最初のつまずき

今にして思えば、この最初のつまずきがその後の流れを決してしまった部分があったかもしれない。市長の方針を議会が問うという延々と繰り返された構図が、最初の段階からあったことが分かるからである。

方針を示し、それを成し遂げるための具体策を挙げていくのがリーダーの役割だとするのなら、馬場は、方針を示すところでいくつもつまずいた。特に大きかったのがイオン問題での転向だが、その後も公約違反を重ねることによって、求心力を完全に失っていく。

こうした状況が続くなか、通年予算が通らなくなっていく。就任した2010年は4月の臨時会で修正可決。2011年は3月・6月と2議会続けて否決され、9月議会でようやく可決できたものの、議会の修正を受けている。

議会の反対理由は、大筋としては「政策がころころ変わる市長のもとでは審議できない」というものである。この理屈からいけば当然の帰結ではあるが、コミュニティバス運行実験の断念がいきなり表明された2011年12月以降、議会はほとんど動かなくなった。

２０１２年３月に出された２０１２年度通年予算案は、３月、６月、９月と３議会連続で否決される。この間、議会は、もはや求心力はないとして、馬場への辞職勧告を決議する。辞職勧告決議は最終的に５議会連続で出されたが、その最初となった２０１２年３月議会での文面は以下のようなものである。

▼馬場市長の政治姿勢が市政の混乱を招いていることは明らかである。公約違反や度重なる政策の変更やブレは、馬場市長に内在する混乱や矛盾に起因している。
このような市政の混乱を招いている馬場市長を認めるわけにはいかない。

よって、東久留米市議会は、東久留米市長馬場一彦君に対し、その職を辞することを勧告する。


気遣う言葉など一切ない、非情にも思えるほど明確な「辞めよ」という勧告である。ここまで明文化されてしまえば、もはや両者の関係修復は望むべくもなかった。

膠着状態の続くまま議会が繰り返され、通年予算の不成立のまま、ついに２０１２年12月議会を迎える。この時点で、相当に異例な事態である。

予算の不成立がなぜ深刻かといえば、それでは市の将来像も描けなければ、個別課題にも着手できなくなるからだ。非常時はともかく、通常の市政において予算は最も重要なものだと言える。行政の役割は税金を集め、それをもとに事務事業を行い、市民に都市基盤や福祉サービスなどを還元すること。その分配の仕方に、市長や行政の意思が出る。福祉を充実するのか、建設を重視するのか、どんな新規事業に取り組み、どのような事業を廃止するのか——。それを示すものが「予算」であり、だからこそそれは時に「市長の顔」とも呼ばれる。それが決まらないまま、短期をしのぐ暫定予算の繰り返しで年の大半を送るとなれば、その自治体は、乱暴に言えば、ただ淡々と必要最低限の事務事業を行なっているだけ、ということになる。

2012年の東久留米は、そのような状態のままその年最後の定例会を迎える。ここで通年予算が通らないとなれば、4回の定例会すべてで不成立ということになり、市政の停滞を決定的に示すこととなる。

スケジュールありきの議会

ところが、この議会での予算審議もやはり、早々から混沌とすることになった。

各会派が指摘した問題のポイントはそれぞれ違ったが、分かりやすい事例を一つだけ取り上げたい。この予算の中では図書館（分館・3館分）の民間委託にかかる準備費用が計上されていた。市では2013年度から図書館への指定管理者制度導入を意図していたわけだが、実はまだこの段階で、その委託先は正式には決まっていなかった。そうした中で経費の議論がされることに、議員の中から「この議会では委託先の承認を行い、次の議会でそのための予算を審議するというのが筋ではないか」と異議が出る。

これに対する行政側の答弁は、もはやなりふり構わぬものだった。

「今議会最終日に業者を確定し、来月から引き継ぎに入らないと日程的に間に合わないのです」

このやり取りは、行政が混乱し、手順を踏んだ審議がされていないことを示す象徴とも受け取れる。とはいえ、この進め方のすべてが間違っていると指摘するつもりはない。行政側は委託先の承認とそれに関連する予算審議が同時になることは「委託先が確定する以上、支出が伴うのは当然」という理屈で踏み切っている。それはそれで筋は通っている。

しかしこのケースでは確かに問題があった。なぜかといえば、審議過程の中で、市教育委員会が、委託先として指定することになった業者の過去の個人情報漏洩事故を把握していなかったことが判明するからである。委員会で漏洩事故を指摘された担当職員は、「今、初めて聞きました」と答弁し、教育長も「知らなかった」と認めている。しかし、そのことが大きな問題になることもなく、業者選定は市の予定通りに進められた。

図書館業務において、個人情報の漏洩というのは、業務体制の根幹を問われる大きな問題である。むろん、業者はその事故以降に事故防止の対策や教育強化をはかっているわけだが、しかし事故自体を把握していなかった東久留米市は、その対策や姿勢の詳細を問い直すことなく業者選定に踏み切ったと批判されても仕方がない。これは自治体にとって、決して小さな問題ではない。それでも予定調和で進んだのは、もはやすべてがスケジュール優先だったということだ。

このような不備が見られるなか、議会は「もう一度暫定予算を出し、再度予算案を練り直して、1

月か2月に通年予算を臨時会で審議するという形でどうか」と若干の歩み寄りを見せる。そして12月21日、賛成6、反対15で通年予算案を否決した。

このときの議会には修正可決という手段もあったわけだが、結局、年4回の定例会では予算が通らないという負の歴史が残ることを選んだ格好となった。修正可決としなかった理由は簡単で、繰り返しになるが、議会は予算の中身ではなく、市長の姿勢そのものを問題視していたからである。

修正なき予算案、そして専決へ

この予算否決を受けて馬場は、12月28日に臨時会を招集する。1月からの予算が空白になるため、12月中に最低でも1月分の暫定予算は通さなければならなかった。

ただし実際には、暫定予算を出す以外にも、もう一つの選択肢が馬場にはあった。12月議会で否決された通年予算案を修正して提出することである。年度が残り3カ月しかないことを思えば、若干の修正を加えたうえで通年予算を可決させてしまうというのも一手ではあった。もともと中身が削ぎ落とされた予算でもある。この場合、もう一度臨時会を開くのは日程上かなり厳しいことから、仮に修正が加えられるにせよ、予算が成立する見込みは高かった。

ところが、馬場は、そのどちらも選ばなかった。なんと、12月議会で否決されたものと、まったく同じ予算案を提出したのである。

馬場はその意図を、議会に先立つ議会運営委員会において、こう説明した。

「さきの予算討論の内容など確認しましたが、議会の総意としての修正すべき箇所を見いだすことができませんでした。

２０１２年も残りわずかという現在におきましては、年内に本予算の成立を図らなければならないと強く思っておるところです。市民生活に影響を及ぼさぬよう、また、市民の皆様に安心していただくためにも、ご可決いただきますよう、よろしくお願いいたします」

はっきりと「内容は変わらないが市民生活に影響を及ぼさないように可決してほしい」と言っているところに、「問題があるのは議会のほうだ」という馬場の認識が見える。

議会側の反発は凄まじかった。


並木克巳（自民系）「率直に言って、このような形で提案されてきたことは非常に残念ですし、遺憾に思います。これを賛成してくれと言われる市長の政治姿勢に対してさらに不信を持ってしまいます」

津田忠広（公明系）「市長は否決ありきで出してきたのかなと思わざるを得ない。市長みずから何ら歩み寄る態度もなく、行動もなく、まさに議会との信頼関係をさらにおかしくしようというような考えがもしかしたらおありなのかなと、そのように思わざるを得ないような提案です」

篠原重信（共産系）「普通の常識で考えて、否決されたものと同じものを出して『ご議決いただきたい』と言った場合、そこに誠意を感じることができますか」

梶井琢太（民主系）「我が会派は前定例会では予算に賛成した立場です。ただ、否決された予算をそのまま提出されたという事態に関しては、議会運営を考えた場合、理解に苦しむところですし、残念に思います」

このまま紛糾により、委員会は午前11時31分に暫時休憩となる。そして、そのまま、再開されることはなかった。

臨時会は流会。

そして、馬場は、予算の専決処分を下す。

違法な専決処分

この専決処分の意味は重い。

専決処分とは、一言で言えば、市長判断で議案を通す、というものである。このケースでいえば、予算がなければ市政運営に支障が生じるという恐れから、馬場市長が一人の判断で通年予算を成立させた、ということになる。約388億円の予算をである。

年4回の定例会で毎回審議されてきた議案が結局認められなかったといって一人で最終決断されてしまうのでは、「議会はいらない」ということになる。議会軽視というレベルを超え、権力の横暴と言ってもよいかもしれない。しかも専決処分した事案は、市の運営上で最も重要な予算である。月並みな言い方だが、それは市民の税金である。その市民の税金の使い道を市長が独断で決めたことになるわけだ。たとえ9カ月が経過し、残り3カ月しかない予算であっても、それが許されていいのだろうか。

こうなると気になるのは過去に通年予算が専決処分された例があるのかということだが、総務省と全国市長会に尋ねたところ、どちらもそうした統計は取っていないということだった。

それでもしつこく調べてみたところ、山梨県山中湖村で2009年、2010年に2年連続で通年予算が専決処分されるという例があるのは分かった。したがって、通年予算の専決処分について東久留米市が初の事例とは言えない。ただし、山中湖村では2009年は3月、2010年は6月に専決処分がされており、予算が半年以上も確定しないという状態にはなっていない。

なお、朝日新聞が2012年12月26日付の東久留米の混乱を報じた記事では、全国都道府県議会議長元議事調査部長の野村稔さんのコメントとして「当初予算が4度も否決されるなど聞いたことがない。議会も修正すればいいのにせず、お互い突っ張っている。一番困るのは住民だ」と掲載している。

さらに東久留米の専決処分については、一部では、法律違反という声も上がっている。地方自治法で定められた、専決処分の前提条件を満たしていないという認識からだ。

地方自治法では「▼議会が成立しない場合、▼議決すべき事件について特に緊急を要するため議会を招集する時間的余裕がない場合、▼議会が議決すべき事件を議決しない場合、などに首長が専決処分できる」としている。

この中で、このケースで市が根拠とした条件は、「議会が議決すべき事件を議決しなかった」というものである。馬場の説明はこうだ。

「議案、そういったものの議事に着手しないで会期が終わるという場合も含めて、『議会において議決すべき事件を議決しないとき』と解されると考えています」

しかし、これは、議会としてはとうてい受け入れられるものではないだろう。問題の議会運営委員会の終盤のやり取りは、以下のようなものである。

【野島委員長】否決された予算案を再度提出したことについて、各委員から、いかがなものかという意見が述べられています。この際、委員長として市長に伺いますが、本予算案を撤回して、改めて提出し直すという考えはありますか。

【馬場市長】私としては、このたびご提案した予算案でぜひともお願いしたいと思っております。

【野島委員長】議会の意見を考慮して、市長にはもう一度ご検討をお願いしたいと思います。暫時休憩いたします。

（その後、再開するに至らなかった）

最後の問答を読むだけで十分わかるが、かたくなになっているのはむしろ馬場のほうである。委員長は議案の再提出を促しており、議会側が審議を拒否したとはとうていみなせない。にもかかわらず、馬場から「議事に着手しないで会期が終わる場合」と指摘されているわけである。これは納得がいかないだろう。

少し話は横道にそれるが、この一連の経過を受けて宮川議員（一人会派）は、「自分たちがこのことを言い続けていく事が大切」と話す。同じ事例をつくらないためにだ。

「通年予算の専決処分については、地方自治法の欠陥だと思います。予算を専決処分させてはダメですよ。馬場さんは違ったのでまだ良いのですが、きちんと法整備をしないと、何かやろうという政策的な予算でも専決処分できるようになってしまいます」

こう話す宮川議員の念頭には、鹿児島県阿久根市の専決処分の事例がある。阿久根市では竹原信一市長（2008年9月～2010年12月）が専決処分を連発し、副市長も専決処分で決めたことがある。つまり、重要案件が議会を通さずに通ったわけである。

これに対して総務省は、2012年に地方自治法の一部を改正し、専決処分を規定する第179条に「副知事又は副市町村長の選任の同意についてはこの限りではない」という項目を加えている。副知事・副市長の選任に注文がつくのなら、当然、通年予算にも制約があってしかるべきだろう。

「仕方なく専決処分にした」

ところで、委員会の休憩から専決処分が下されるまでの間、議員たちは何をしていたのだろうか。与党議員の証言を集めると、議会裏では、市長への厳しい説得が続けられていたという。その説得は半日に及んだと見られる。民主党の梶井議員はこう振り返る。

「与党の5人ぐらいで市長室につめかけ、『議会側と調整をして予算を最後まで通す努力をするべきではないか』と説得をしました。我々も協力するから、なんとか思いとどまってくれ、と。時間の最後の最後まで、粘り強くやりました」

また、馬場を最後まで支えた白石玲子議員（一人会派）は、こう振り返る。

「馬場さんが専決処分をするというので、私たち与党全員で反対し、具体的な提案もしました。暫定予算でこの局面を乗り切り、1月末に臨時会を開いてそこでもう一度通年予算案を出す。そこで通らなければ専決処分しても道理が通るから、せめてそこまで頑張ろう、という具体案です。職員もそういう意識でいたと思います。

しかし、馬場さんはがんとしてお聞きになりませんでした。見方によっては居直ったと思われても仕方ないと思うのですが、市長としては、ここで強く出ざるを得ないという気持ちもあったことと思います」

議長である篠宮正明議員（自民系）は、その説得にはかかわっていない。議長室で、職員と交渉を持ちながら、馬場が議論に戻ってくるのを待った。その間、職員が、議長室と市長室とを幾度か行き来したという。

「馬場市長に話をしても聞いてもらえない雰囲気だったので、本人とは直接やり取りしてはいません。企画経営室長や財務部長とやり取りしながら、3時頃までなら暫定予算で提案できるというので、市長がその決断をしてくれることを待っていました。幹部職員たちは『市長の気持ちがかたく、折れてくれない』と言っていましたね」

と篠宮は回想する。

いずれにしても、馬場がかたくなだったというのは共通するところだ。恐らく、一度否決された議案をもう一度提出しようと決断した段階で、専決処分に踏み切る心づもりがあったのだろう。

馬場はこの場面を振り返ってこう話している。

「『どうすれば認めてくれるんですか』と何度も各会派を回ったのですが、そのつど言われるのは『それはそっちが考えることでしょ』ということです。これでは話し合いになりません。どうすればいいか分からない。

朝日新聞が正確に書いてくれましたが、議会が反対しているのは、議案の中身ではなかったのです。『予算の中身は良い。だけど馬場が市長だから予算には反対』と。予算の中身が良いのなら、変えようがないじゃないですか。そのまま予算が決まらないということでは市民に影響が出てしまうから、仕方なく専決処分にしたんです」

蛇足ながらこの朝日新聞の記事（2012年12月26日朝刊・地域面）は、幹部職員の証言を引く形で『予算の中身は良い～』と書いているのだが、後の議会で「市幹部とは誰か」といったところから多少問題視されている。

分裂した「与党」

馬場としてはリーダーシップを発揮して、「強い市長」として通年予算の専決処分に踏み切ったのだろう。しかし、その代償は大きかった。もともと少数与党で議会運営は難しかったが、さらに支援側の議員が対立に回っていったからである。

馬場の支援を下りたのは、選挙時に推薦をした民主系議員と、同じ会派に属してきた、馬場の後見役とも言うべきポジションにいた桜木議員である。

民主系の富田議員は「通年予算の専決処分までされたら、もう支えることはできないですね。『あなたたちは要らないよ』と言われたようなものですからね」と、当時の判断について話す。

一方、桜木議員は、間宮議員と組んでいた2人会派を解散して、不支持に回った。長く会派を引っ張ってきた桜木議員がその母体を壊してまで離れていった意味は大きい。もう我慢ならない、というところまでいってしまったわけだ。

2013年3月、この通年予算の専決処分をめぐって、もう一波乱あった。専決処分をした場合、市長は次の議会で承認を得なければならないのだが、この専決処分はあっさりと不承認となった。2対19の大差による不承認である。これによって、改めて、2012年度通年予算・約388億円が、市長一人の判断で使途が決められたということが確定した。

専決処分の不承認を受けて、市長には新たな責務が発生した。地方自治法で、そのケースに対して「必要な措置」を取ることが定められているからだ。この「必要な措置」として馬場は、3月15日発行の広報誌と市ホームページで経過を説明することを打ち出した。

しかし、いくらなんでも、これは措置として軽すぎないだろうか。約388億円の予算が市長の独断で確定され、しかも、その判断に対して市民の代表である市議会は異議を唱えた。百歩譲って、これが政局による僅差だったならともかく、与党陣営の議員まで離れての2対19という圧倒的な票差での不承認である。

それにもかかわらず、不承認を受けて行政がなすべき事務というのは、広報誌、ホームページという形での市民への報告だけ。市民に直接説明する場を設けるわけでもない。職を失うなり、減俸するなりの、何らかの罰則があるわけでもない。この手続きにより、約388億円の予算が執行される。これが、現実に日本で行われている「民主主義」なのだ。

さすがに、これを受けての議会側の反応は危機感に満ちていた。与党から不支持に回った民主系の富田議員は、議会の発言の中で「これは、東久留米政治史上末代まで、後世まで語り継がれる汚点だ」とまで口にしている。

こうして、ある意味、究極のところまでいってしまった東久留米市議会は、皮肉なことに、2013年度予算案を馬場市政になって初めて3月中に可決した。もちろん、大幅に修正を加えたうえでだ。これはもう、「市長には何も期待しない」という表明以外になかった。

踏襲されなかった「前例」

どうしてここまで対立が深まってしまったのだろうか。これについては実は、多くの議員が共通して指摘するものがある。「対話」である。

この章の初めに、少数与党による議会運営の難しさについて触れたが、対立する側のほうが多い限りは、話し合いを重ねてどこかに着地点を見つけていくよりない。その最も大切な話し合いが、馬場のもとでは、あまりもたれなかったのだという。

議員の言葉を少し拾ってみよう。

■篠原重信（共産系）「議会というのは、相撲で言えばテレビでやっている本場所なんですよ。お相撲さんはあの15日の、一日一番を取るために、見えないところで毎日朝から熱心に稽古をしています。議会も同じで、本会議や委員会でどういうやり取りができるかは、前段の準備によるんです。

私は前の稲葉市政を支えた経験がありますが、あの人は非常に議論する人で、『与党会派の理解を得られないものは議案提出しません』と、準備の段階から非常に詰めた侃々諤々の議論をしていきました。

ところが馬場さんにはそういうのがなくて、『こうなりました』と持ってくるのが常。中身の問題もありますが、プロセスからして、彼を支えられるような状況ができなかったと思います」

■沢田孝康（公明系）「議会と議会の間の2カ月は、信頼関係を築く大事な期間なんです。『私はこう考えている』『それは違うよ』『じゃあ、私も検討してきます』というやり取りの中で、お互いに何を考えているのかが分かってくる。そういう打ち合いがないと、議会で対立したときに、『何言っているんだ』と最後までいっちゃうわけです。

馬場さんは予算が否決されたら『なんとか予算をお願いします』と電話をかけてくるのですが、そうじゃないんですね。仕込みが大事なんです。馬場さんはそういうのが足りなかったと思いますね」

■篠宮正明（議長、自民系）「議案というのは、議会運営委員会（議運）で調整をして、そのうえで本会議にかけるというのが流れなんですね。ですが、議運まで来ると、全会派がそろっていますし、修正はかけにくいわけです。それよりも前の段階で個別にぶつけてくれれば、『こうしてほしい』といった要望もできますし、たとえ最終案が自分の意見と違ったものであっても、そんなに違和感は残りません。お互い、主義主張はあるわけですから。

馬場さんには、『ここは次の議会までに整理しておいてくださいね』などと何度もかけあったのですが、同じことが繰り返されるような場面が幾度もありましたね」

この点は馬場にしてみれば、「対話を拒否したことはない。市長室はいつでも開けていたし、来れば誰とでも会った」ということになるだろう。しかし議員の側は、市長のほうから歩み寄ってくることを求めていた。

これを考えるときに、東久留米では一つの前例にさかのぼることができる。先の篠原議員のコメントの中にも出てきた、稲葉市政である。

稲葉市政は、東京大学名誉教授でもあった稲葉三千男による1990年1月から2001年12月までの3期12年の期間。東久留米で初の保育園民営化を行なうなど行財政改革で大鉈をふるった吉田三郎市政への反発から生まれた市長で、市民団体を支持基盤に持っており、市長誕生の背景は馬場のそれとほとんど同じだった。やはり、発足時は少数与党の議会構成でもあった。

当初の議会の反発は、篠原によると「馬場さんのときよりももっとあった」という。篠原はこう振り返る。

「あらゆる手づるを使って責めてくるわけです。それに対して、議案を通してもらうために、市長は陳謝・減棒を繰り返すのですね。これが就任後の議会から約2年にわたって続きました。

稲葉さんも弱気になったときがあって、『もうやっていられない……』とこぼすこともありました」

このような状況をどう突破したかといえば、泥臭い話だが、ひたすら野党議員のもとに足を運び、対話の機会を持ったのだという。

当時、社会党の議員として稲葉市政を支えた桜木議員は、日曜日などに稲葉とともに各会派の代表議員の家を回って歩いたと証言する。

その話によると、「どのようにしたら、議案を通していただけますか」と質問して、「それはそっちで考えるものだよ。どうしたいかを持ってこないと話にならないのだから。こっちに投げかけるなんてそんな失礼なことはないよ」などと切り返されたこともあったという。先の馬場の体験談とまったく同じ内容だ。

この辺りの機微を、桜木は独特な言い回しでこう話す。

「最初はざぶとんの出ない、冷たいところに行くわけですよ。でも、何度か行くうちに、ざぶとんが出てくるようになる。信頼を築くためには、汗をかかなきゃいけないんです。極端にいえば、一升瓶を持っていって、空くまでやるくらいでないと」

実際、稲葉は、宴席などもいとわず、とことん付き合うスタイルを貫いている。稲葉を支援した市民団体「東久留米ふるさとを創る会」の代表を2度務めた大谷達之は「稲葉さんという人は、会合などにも積極的に出て行って、酒も飲むし、歌も歌うし、夜中まで付き合うと。そうして自分の陣営でない、自民、公明を味方につけていきました。職員も稲葉さんの考えに添うように動いていたように見えました」と懐かしむ。

もっとも、そういう政治のあり方が正しいのかどうかは分からない。市民の目からいえば、「表から見えないそうしたやり取りの中で、取引や談合が生まれていくのだろう」と指摘することもできよう。そうした点からいえば、馬場は表舞台で正々堂々とやりきった、という評価もできる。

ただ、結果としては、馬場は議会をまとめられず、稲葉は「そっちで考えるものだ」とにべもなかった相手をテーブルにつかせることに成功している。そして馬場は1期4年で終わり、稲葉は3期12年の盤石の体制を築いている。

法的拘束力のない辞職勧告決議

こうして見てくると、馬場の粗ばかりが目立つが、それでは議会には何の非もないのだろうか。馬場に市長の力量がなく、市政が混乱していく一方だとするのなら、その首に鈴を付けるのもまた議会の役割ではなかったか。

前述した通り、2012年3月から2013年3月までの5回の定例会で、議会は馬場に連続して「辞職勧告決議」をしている。その文面も、ストレートに「辞めよ」という強烈なものだ。議会は、馬場市政に終止符を打とうと努力したように見える。

しかし、その本気度については、疑いの声も上がる。なぜなら、辞職勧告決議には、その言葉の重さに関わらず、法的には何の力も持たないからだ。

辞職勧告はあくまで「勧告」であり、それが何度繰り返されようと、最終判断は市長のものとなる。法的に市長を解職するのなら、不信任決議をする必要がある。

だが、東久留米市議会はそこまではやらなかった。その理由について多くの議員が口にしたのは、「不信任というのはよほどのこと。力量や能力を理由に強制的に辞めさせることはできない」というものだ。ここで言う「よほどのこと」というのは、犯罪行為や汚職、スキャンダルなどを指している。市長が選挙によって市民から直接選ばれていることを考えれば、確かに、力量に疑問符が付いたとしても、それを理由に辞めさせるというのは難しい。

とはいえ、現実の問題としては、「期待したけれど、やらせてみたらダメだった……」というケースはいくらでもあるはずだ。そうなったときに、「市民が選んだのだから市民がリコール運動をすればよい」というのは、あまりにも原則論に立ちすぎる。実際のところ、有権者の3分の1以上の署名（東久留米の場合は約3万1000筆）を要するリコールは、市民にとってハードルが高い。それよりも簡単に今の仕組みの中で状況を変えていく手段として、議会がその権限を最大限に行使するというのは市民からも歓迎されるものだろう。市民の同意がなく数の力でそれが行なわれたとすれば危険極まりないが、少なくともこのときの東久留米のように、予算が成立せず、議会のたびに辞職勧告決議が出される状態ならば、誰の目から見ても政権がレームダックであることははっきりしている。市長に「辞めなさい」としつこく要求を続けるくらいなら、いっそ、強制的に辞めさせてしまったほうが市民の理解を得られたはずだ。

なぜ議会は、連続して5度も辞職勧告決議をしておきながら、1度として不信任決議をしなかったのだろうか。

前述のような「議会側の節度」が理由として挙げられる一方で、議員自身の「保身」を指摘する声がある。これについては地方自治法を踏まえておく必要があるのだが、同法では、平時においての市長の議会解散権は認めず、議会からの不信任決議があった場合のみ市長に解散権が生じることを定めている。平時に市長の解散権がないのは、一般的には市長の権力を抑制するためだと指摘される。市長がいつでも自由に議会を解散できるとなれば、議員はどうしても反対姿勢を貫きにくい。ともすれば、市長におもねる議会になってしまう。

問われた議会の本気度

したがって、「首をかけた戦い」となると、最初のボールは議会側にあることになる。では、実際に不信任決議をした場合、どのような経過をたどるのだろうか。通常の流れとしては、概ね、以下のようになる。

議会による市長への不信任決議

↓

市長による議会の解散

議員選挙
←議会の初開会時に、再度の不信任決議
←市長の失職、市長の選挙へ
←

最後が市長の失職となっているのは、「解散後初めて招集された議会において再び不信任の決議を受けると失職する」という法律のためだが、もちろん、議会構成が変化し市長寄りの議員が多数を占めれば、再度の不信任決議が行われる可能性は低くなる。つまりこの流れにおいては、解散後の議員選挙の持つ意味が大きい。ここで野党議員が議席を伸ばせば有権者は議会側を支持したということになるが、逆の場合は、議会にとってはまったく無駄な解散・選挙をしたということになる。

さて、ここで問題となるのが、「自分の議席を失うかもしれないのに、誰が好んで解散をするだろうか」という点である。

議院内閣制の国会・衆議院の場合は、重要法案の是非を国民に問うという意味においても、勢力争いという意味においても、解散に踏み切る動機は分かる。また、その権限は首相一人に与えられたものであり、解散するかしないかをめぐって、多数の同意を得る必要はない。その行使に賛否はうずまくにしても、基本的には首相一人の判断でできる。

それに対して地方議会の場合は、まず不信任決議を通さなければならない。当然、議会の中での多数が必要になる。要件としては、3分の2以上の議員が出席する議会で、4分の3以上の賛成である。東久留米に当てはめた場合、11人以上の賛成票が必要ということになる。

馬場市政のもとでの議会の状況からすれば容易に実現できそうな数だが、そう単純にはいかない。議員の間にはそれぞれ思惑がある。選挙を恐れない者もいるし、これで引退するつもりだという者もいる。次期選挙に立つつもりのない議員は、当然、任期いっぱいまで務めたいだろう。次も出るつもりの議員でも、トップ当選を続ける者と当落線上で議員になった者とでは、選挙への考え方が違って当然である。

こうした考えの違いを超えて意見集約する面倒があるうえ、少なくとも東久留米のケースでは、議員にとっての得が見当たらなかった。地方議会が二元代表制である以上、議会の勢力図が変わったところで、それとイコールで市長が代わるわけではない。議会と市長は、それぞれ住民から選ばれる。したがって、仮に先の手順で解散、議員選挙、市長解任、と進んだとしても、終わってみれば同じ市長が再任し、なにも変わらなかったということも起こり得る。

そのリスクを取ってまでも議会が不信任決議→解散にチャレンジするのは、是が非でも通したい（あるいは阻止したい）事案があるからだ。それを市民に訴えて選挙を行なうことで、民意を問うということも実現する。ところが東久留米の場合、辞職勧告決議が連続して出されていた頃には、とうにイオン問題も誘致推進で決着がつき、行財政改革も前市政の方針にそって進められていた。要するに、このとき多数を占めていた野党議員にとって、自身がリスクを負うほどの政策課題があったわけではなかったのだ。議会にとっての最大の願いは市長を代えることだったが、市長が交代すべきかどうかを市民に問うのならストレートに市長選挙を行なえばよいことであり、それはこの時点で2年以内に確実にやってくる。わざわざ時期を早めるために議員自身が議席をかけるというのは、客観的に見ても割に合う話ではなかった。

こうした事情については、当然だが、議員を3期務めてきた馬場は十分承知している。結局、馬場は、度重なる議会からの辞職勧告決議を「議会のパフォーマンス」と受け取った。

本気だったのか分からないが、馬場はむしろ自分のほうから議員に対して、「辞職勧告をするくらいなら、不信任を出してくれ」と言ったという。「自分一人だけ辞める」という考えはないと表明をして歩いたということだ。予算専決処分の場面が象徴するように、4年間を振り返っての馬場の認識は、「市政混乱の原因は非協力的な議会のほうにある」というものである。この議会を解散してその構成を変えられれば事態は好転する、という思いは、馬場の心の中にずっとあったのかもしれない。

このようにして、法的拘束力のない辞職勧告決議だけが何度も出されるという議会が続き、その膠着状態に変化の兆しは現れなかった。こうして、予算専決処分に対して2対19で不承認されるという、議会からまったく信用されなくなった市長のもとで、その先1年弱の任期が続く。その1年を長いと考えるか、短いと受け取るか。

市長と議会の膠着状態をもどかしく見ていた市民の中からは、市長へはもちろん、議会に対しても厳しい声が飛ぶ。

「オンブズマン」のメンバーの一人はあきれたようにこう話す。

「政治を仕事にしてしまっている議員が多すぎる。議会の解散は、自分の会社を破綻させるようなもの。それを招く不信任決議など、あの議会にできるわけがない」

「市政は停滞していない」

ここまで言われたら議会としても黙っていられないかもしれないが、実際、「議会の節度」という観点とは別に、不信任決議は必要なかったと話す議員はいる。ユニークなのは宮川だ。無党派・無所属・100%市民派を掲げる宮川は、「重要なのは、政治的責任をどうするかということ」と説明する。

「私は、馬場市長を生んだ2009年の市長選挙はイオン問題が最大の争点だったと認識しています。ですから議会も、再び民意を問うべく市長選挙をやり直すべきだと主張しました。

ただ、それは『辞める、辞めない』という話とは違います。公約に掲げたものを覆すのであれば、民主主義のルールにのっとってもう一回選挙をやりましょう、と。選挙によって政策を決めるという、民主主義の大原則に従いましょうということです。辞めさせることが目的ではないんです。

私は、馬場さんが4年間やりたいなら続ければ良いと思っていました。市民が選んだ方ですし、政治の責任の取り方にはいろいろなものがありますから。4年間務めることが馬場さんの責任の取り方だったのかもしれません。

私は、公約違反を続ける市長に次はないと思っていましたし、4年間やることで馬場さんの政治生命が終わるとみていましたが、案外、途中で潔くすぱっと辞めて、民意を問うて再選などしたら、長期政権になっていたかもしれませんね」

この説に沿うと、選んだ市長の力量がない場合、任期の4年間は市政停滞があっても仕方がないということになる。4年は短くない期間だと思うが、そこをどう考えるのだろうか。

この問いに対して、宮川は真っ向から「問い」自体を否定する。

「市政は停滞していないです。1年遅れにはなりましたがイオンもできたわけですし、保育園民営化も進んでいます。

確かに2012年は予算がほぼ1年通らなかったわけですが、それで市民生活に影響が出たかというと特になかったはずです。そこは、我々が、影響の出ないようにしていますから。

市政が混乱したと言われている中でも、国民健康保険料や下水道料金、公共施設の利用料金の値上げなどは議会を通りました。これらの値上げについては、私は反対していますけど。

この間、大きなところで『審判を問え』というのはありましたが、個別の課題についてはしっかり議論できていたと思います」

実は宮川議員からこの話を聞いた席には、自民系議員の野島武夫もいたのだが、野島もまた、市政が混乱したという見方に異議を唱えた。

「メディアは市民の声を借りる形で『議会は何をやっているんだ』と書いていました。しかし、私は、この4年間は議会が活性化したと思っているんです。私はイオン誘致を推進する立場でしたが、自主財源をつくるためにもイオンは必要なんだ、もう一度考え直してくれ、と馬場さんに訴え、結果として馬場さんが主義主張を変えられることになりました。二元代表制が機能した好例だと思います。全国の自治体をみると、議論はそれなりにあっても、採決自体は平穏無事という議会が結構あるんですよね。でも、出される議案が常に可決するというほうが不健全だと思います」

これについては、同様の趣旨を語る議員がほかにもいた。年4回の定例会すべてで通年予算案が否決されるのは相当異例なことだが、「予算は通るのが当たり前という前提がおかしい」という意見である。認められない予算・議案は可決しない、というスタンス自体は、議会の機能からすれば確かに正しい。

こうなると、いよいよ二元代表制のやっかいさを感じずにいられなくなる。

市長と議会が対立する関係になってしまった場合、市長の方針・議案は次から次へと否定されていくことになる。この場合、はっきり言ってしまえば、市長など誰でも良い、ということになる。肝心なのは、議会における「数」になるわけだ。

しかし、それではその市長を選んだ市民に対して、あまりにも不遜ということになる。そこで求められてくるのが、東久留米で多くの議員が指摘した「対話」だ。「市民から選ばれた行政の代表」「市民から選ばれた市民の代表」として、対等に語り合い、未来志向で課題解決や理想の実現を目指していくことが求められていく。

少数にも配慮した二元代表制のあり方について、議員生活が30年を超えるベテランの桜木はこう話す。

「大事なのは理念先行でいくことだと思います。暮らしやすい町にしていくための一つの共通目標として長期総合計画がある。その目標に向かってどうするのかというスタンスに立てば、それぞれ考え方は違ってもそんなにがちゃがちゃしないはずです」

だが、そこは人間のやること。ひとたび対立の関係になってしまったら、歩み寄って語り合うというのはなかなか難しい。馬場市政の4年間のように、「対話」さえ足りないという状況になったときに、どうすれば、その対立を健全な緊張関係に正すことができるのだろうか。

ここで改めて考えなければいけないのが、市長、議会以外のもう一人の主役、「市民」のかかわりである。

一般に「負託」という言葉が使われるが、形として、私たちは市長、議員に市政を任せることとなっている。市民全員で協議することは現実的には不可能である以上、それはあるべき形だと言えるだろう。

だが、全面的に無条件に任せる、となると、話は違う。彼らがきちんと機能しているか、働いているか、妙なことをしていないか、それは市民自身がチェックしていかなければならない。その確認が常にきちんと行なわれていれば、先のような膠着状態になっても、市民の意思を表し、時には市長や議会に異議を申し、ことによってはリコールなどの運動に発展することもできる。つまり、二元代表制は、市長、議会、市民の三者がそろうことで正当に機能するのだと言える。では、はたして「市民」はその役割を果たしたのだろうか。

次章で、振り返ってみたい。

異議を唱えなかった市民

市長と議会が膠着する一方で、公約とかけ離れた市政が進んでいくという状況のなか、市民は一体どこにいたのだろうか。公約違反を続けた市長に辞める気がなく、議会も本気で辞めさせようとしていないなら、あとは市民自身が立ち上がって異議を唱えていくしかない。

しかし、東久留米で市長や議会に抗議するという大きな運動は起こらなかった。東久留米では過去に、大きな市民運動が少なくとも2度は起こっており、先にも触れたように、イオン問題においては「馬場市長誕生こそが市民運動の成果」というほどの盛り上がりを見せている。自然環境保護を中心に市民団体も多い。決して、市民が冷めているわけではない。だが、馬場の辞職・解職を求める運動などは特に起こらなかった。特定の問題には一致団結したのに、肝心の市政運営に対しては冷ややか――そのような東久留米市民の行動の背景には、何か地域性のようなものがあるのだろうか。イオン問題を中心に、人々の動きを追いかけてみた。ここでもう一度イオン問題を軸にするのは、【二章】で見たように、イオンの是非には、「市の将来像」を問うという面があったからだ。これを見ることで、今の市が抱えている問題が多角的に見えてくる。

「地元の人」と「お客さん」としての新住民

この章もやはり、人口増の話から始まる。とにかく、東久留米においては、1960年代から70年代にかけての爆発的な人口増の影響が大きい。終戦直後8000人程度しかいなかった小さな町に20年のうちに7万人も流入してくれれば、そこにさまざまな軋轢、問題が生じるのは当然である。

問題として特に注意すべきは、「都市基盤」と「人」になる。

「都市基盤」のほうは分かりやすい。人口が増えればその分、施設が必要になる。子育て世代の流入で必要になる代表的なものが、学校だ。2000年代の野崎市政のもとで閉校となった学校も含めると、東久留米の小学校は16校（2014年末現在は13校）。このうち、実に13校が1960年代・70年代に開校している。当然、乳幼児施設、中学校も同様の状況にあり、箱もので言えば、公民館や図書館といった公共施設も1970年代を中心に造られた。これに加え、下水道や道路といったインフラ整備も急がれている。お粗末な話といえばそうだが、この地域では傘を差したままでは歩けないという歩道が点在する。歩道の真ん中に堂々と電信柱や木が建っているためだ。それだけ急ピッチに開発が行われたことを物語る。この時代、市内の至るところで建設が行なわれていた。このことが市政に影響をもたらすことになるが、それは後述する。

「人」に関しては、少々デリケートな話になる。乱暴に筆を進めると誤解を招く恐れがあるが、すでに一般に語られている言葉で言えば、新住民と旧住民の問題になる。

人口急増というと、どうしても流入してくる側に目が行きがちになるが、もともと住んでいた人たちの目線に立つと、この時代が別の形に見えてくる。移り住む側から見れば、各所でどんどん建設が行なわれているという光景は活気そのものだっただろうが、もともとこの地で暮らしてきた人たちからすれば、「自分たちの町が違うものになっていく」という思いにつながる。むろんその中で利益を手にした人も少なくないが、金銭的な話とは別のところで、一種の喪失感を覚えたとしても無理はない。

かといって、時代の流れにはあらがえない。その結果、彼らは団結する。

たとえば、地域での団結を象徴するものの一つに寺社とのかかわりがあるが、東久留米市内のとある寺社の氏子の一人から、「氏子会の役員になれるのは地元の人だけ」という話を聞いたことがある。「地元の人」というのは、もちろん、代々この地域に住み続けている家の人という意味だ。役員になる場合、「どこそこが本家で、分家の○○だ」という説明が要るのだという。

「祭りなどはどう考えているんですか。祭りには、多くの人がかかわって人々が交流を深めるという側面もあると思うのですが」

こう聞くと、その人の答えは明快だった。

「私たちが祭りを開いてあげて、みなさんがお客さんとしてそこに来る。そういう意識ですね」

もちろん、これは一人がそう言ったというだけの話だ。市内すべての寺社がそのように運営されているとは言わない。

ただ、そのような意識は、20年前、30年前はもっと強かっただろうと容易に想像できる。寺社に限らず、各種の地域活動において、長年その地で暮らす人々が「地域の事情も歴史も知らないのに、このやり方に口出ししないでほしい」と思うのは、当然の感覚だろう。ちなみに、余計な話かもしれないが、先の寺社などは、今や役員のなり手がなく、「地元の人」の間で役職を押し付け合うような状況になっているという。それでも「地元の人」の中で何とかしようとしているところに、執念のようなものを感じる。

「地元の人」を結集した自民党

さらに話は少し飛躍する。市内の農家を取材していた場面のことを紹介したい。そのとき春先の農地で農家の方から話を伺っていたが、たまたま強風で砂が舞った。そしてその砂塵は、周囲を囲んでいた築5年ほどに見える一戸建て住宅に吸い込まれていった。

私は思わず、「周囲から苦情が来ませんか」と尋ねた。それに対する農家の主の苦々しい表情が忘れられない。

「申しわけないとは思うけど、どうしようもない。もともとこの辺りは、水も足りず、砂も軽いところ。昔は砂よけに家の周りにケヤキを植えたりしたけれども、今の住宅にはそんな広さもない。第一、そこの家の土地だって、ウチが売ったものなのだから。相続税のために。ときどき、できた野菜を持って、あいさつして回っていますよ」

もともとあったのは農地のほうなのだから気を使う必要などないようにも思うが、今の現実は、家に取り囲まれた農地で耕作をしている状況となっている。どちらが先にあったかなどを問うても仕方がない。端的に言って、その立場は完全に入れ替わっている。畑に面する住宅地の中からは、「早く畑のところに家が建ってほしい」という声も聞こえる。

こういう状況があればこそ、「地元の人」は団結をし、それを政治力に変えていく。その力を結集させたのが、自民党だ。「オンブズマン」の代表で、1999年から2007年まで民主党所属の市議会議員を務めた杉原元雄はこう話す。

「ぼくは地方の出身で、ずっと自民党の考えだったから、東久留米でも自民党に入ろうと思っていました。ところがここでは各地域に青年部とかがあって、よそ者は一人もいなかったんです。地主ばかりで。

議員になった後ですが、ぼくも『来たり者だ』と言われたことがあります。今は変わっているかもしれませんが、少なくとも以前は、自民党にはよそ者をはねのけるところがありました」

馬場市政の4年間、議長を務めた自民系の篠宮議員の話も、少しニュアンスは変わるが、それを裏付ける。

「私の家はずっと自民党でしたし、地域の先輩も所属していましたので、ごく自然に自民党青年部に入るようになりました。議員になったのは、私の前職の方が急に辞めることになったから。『あなた、この地域から出なさいよ』ということで立候補したのです。

『自民党は地元の人が多い』というのは、まあ、基本はそうだと思います。ただ、党員だけでは選挙になりませんから、それを基本に、あとは自分で枝を広げていくという活動になりますね」

前に別の取材で世話になったことのある「地元の人」にも、意見を聞いてみた。政治とはかかわりを持たない初老の男性なのだが、そのスタンスはだいぶ軽やかなものだ。

「町の中は同じ苗字の親戚だらけなのですが、親戚同士で政治の話をすることはほとんどないですね。ただ、みんな、なんとなく意識として『自民党だよね』というのはあります」

実際のところ、これが一番、庶民の感覚を表しているのだろう。

現実問題としては、「なんとなく」というこの不文律が人々を縛る。オンブズマンの杉原が言うには、「自民党は投票率100%。そこに公明が乗っかれば確実に勝てる」となる。

左右へと揺れる市長選

市政の歴史を少し辿ってみよう。

1970年に市制施行した東久留米市では、これまでに、藤井顕孝（1970〜75）、石塚政寿（1975〜78）、伊藤孝次郎（1978〜1981）、吉田三郎（1982〜90）、稲葉三千男（1990〜2001）、野崎重弥（2002〜10）、馬場一彦（2010〜14）、並木克巳（2014〜）の8人の市長が生まれている（2014年末現在）。

このうち、いわゆる革新系と言われるのは、伊藤、稲葉、馬場の3人。馬場については民主党・社民党・国民新党の推薦を受けて市長に当選しているが、議員時代は長く社民系の会派に属しており、革新系と言って差し支えないだろう。

こうしてみると、石塚市政以降、保守と革新を交互に繰り返していることが分かる。「オンブズマン」の杉原ほか、「この町は右から左、左から右へと大きく揺れる」と指摘する声は多い。

その原因は、端的に言って、新住民が選挙に反応したかどうか、ということにある。杉原の言う「自民は投票率100%」は大げさだとしても、自民党・公明党、さらに共産党が安定した基礎票を持つなら、それ以外の票がどう動くかが結果を左右するのは自明のことだ。そして少なくとも過去3回においては、現状への不満――もっと言えば、ある種の「風」の中で、革新系市長が生まれている。3人とも、見事に、市民運動の後押しによって誕生している。

3人の革新系市長のうち、もっとも象徴的なのが、1978年就任の伊藤孝次郎である。市民運動の原因となったのは、2度にわたる汚職事件だ。

1度めの汚職事件は1974年。元暴力団組員の建設業者を黒幕とするもので、翌75年、藤井市長は辞職に追い込まれる。藤井は市制施行前の東久留米町時代に町長を務めており、町長・市長を合わせて3期務めた地元の名士だが、政治においては、その実務を助役らに任せていたという。それが建設業者につけ入るスキを与えたのだと言われている。

ともあれ、このときに市長と助役が辞任し、体制の一新をはかる。そこで生まれたのが、石塚市政だ。石塚は園芸業を営む「地元の人」。この時点では、依然、地域の保守系の力が強かった。

しかし、しがらみを持つ「地元の人」には、組織内にはびこった膿を出し切る作業は重荷だったのかもしれない。

1978年、再び、汚職が明るみに出る。あろうことか、黒幕は同じ建設業者だった。執行猶予で済んでいたこの建設業者は、助役らをうまく取り込み、市内の公共工事のほとんどを受注することに成功した。先に「都市基盤」として見たように、市内には工事するべき事案がいくらでも転がっていた。1977年度に入札が実施された土木工事63件の総額でみると、この業者系列の受注額は92％に達したという。その額は3億7440万円。汚職の対象となった物件には、中央図書館、中央公民館(現・生涯学習センター「まろにえホール」)、消防庁舎、水道工事などがある。

この2度目の汚職事件の際には、助役を筆頭に、市議会議員、職員にも逮捕者の出る事態となった。石塚市長は事件発覚から1カ月もしないうちに辞任している。

立ち上がった市民の挫折

この一連の騒動は、新聞、テレビでも連日のように報道された。そして、このことが市民の感情に火をつける。

「このようなことを3度繰り返してはならない！」

こうして新住民の人々が立ち上がり、「新市長には革新系を」と運動が展開する。

このときに、注目すべき団体が2つ誕生した。一つは市内に暮らす学者や文化人が集まってつくった「東久留米ふるさとを創る会」。イギリス近代史に詳しい浜林正夫(一橋大学名誉教授)、政治学者の富田信男（明治大学教授）、家族やコミュニティ関連の著書を多数残す教育社会学者・松原治郎（東京大学教授）、児童文学者の古田足日らが名を連ねた。その中で、メンバーの一人でもあった東京大学教授の稲葉三千男に市長立候補の白羽の矢が立つ。稲葉は結局このときは出馬を見送るが、この経緯が、後に市長になるベースとなった。

もう一つの会は、「汚職・暴力・不正をなくし、清潔で公正な明るい革新東久留米をつくる会」。通称「明るい会」と呼ばれ、市内多数の民間団体、個人が参加した。主な団体として、東久留米市職員組合、東京土建一般労組清瀬・東久留米支部、新日本婦人の会東久留米支部、東久留米保育問題協議会、東久留米学童保育父母の会連合会、民主商工会東久留米支部などが挙げられる。この「明るい会」が、後に「あたたかい市政をつくるみんなの会」となり、稲葉市政を生み、馬場の支援団体となる。つまり、革新系市長誕生の鍵を握る運動体である。

このように団体、個人が多数かかわることで、革新市政が現実のものとなる。1978年、稲葉の不出馬を受けて擁立された伊藤が、東久留米での初の革新系市長となった。伊藤はそれまでに町議、市議を1期ずつ経験していたが、直前の市議会議員選挙で落選したため、市長就任前は社会党の東久留米総支部委員長を務めていた。

だが、保守系議員が多数を占める議会を前に、伊藤は就任直後から苦しめられることになる。当選2カ月後に開いた臨時会では、助役の選任を提案するも否決される。この流れは、議会の抵抗を理由に副市長選任の議案を引っ込めた馬場のケースと類似している。

伊藤市政はその後、猛烈な保守系の反発にあい、4年の任期を満了できずに3年1カ月で終わる。直接の引き金となったのは、中学校の建設問題だった。当時、人口が増え続けるなかで中学校の新設が急務となっていたが、伊藤市政は場所の選定すらできなかった。地主が土地を売ってくれなかったからである。

「ふるさとを創る会」の代表を務めた元江戸川大学教授の大谷達之は、当時の状況をこう振り返る。

「中学校新設は大きな課題の一つだったのですが、土地の持ち主が対応してくれない。『革新系には売るな』ということで。その状況に対して野党側が、『市長は約束を守れない人だ』と責めていくんですね。

裏で何があったかは分かりませんが、表から見られる構図はこういうものでした」

市政が膠着したのを見てか、次の市長には保守系が選ばれる。吉田三郎である。「ふるさとの会」の大谷によると、税理士でもある吉田は「交友関係の広い人」だったらしい。他所から引っ越してきたいわゆる新住民の一人で、「政党人ではない人を」という流れの中で選ばれてきたのだという。大谷は「あまり尖ったことをやらないタイプでしたね」と話す。

しかし、吉田本人は尖ったことを好まなかったのかもしれないが、東京都から引っ張ってきたと言われる助役が辣腕をふるったらしい。オイルショックや変動相場制の導入による円高の影響などで経済成長は一段落しており、なんでもかんでも拡大という風潮から、少しずつ事務事業を整理するという時代になっていた。東久留米では1985年に『行財政対策基本方針』が出され、職員定数の見直しゃ一部補助金の廃止などが着手されている。

このときに大きな問題となったものの一つが、滝山保育園の民間委託だった。東久留米では、初の保育園の民間委託である。このほか、子どもに関連する改革として、小学校給食の効率化、学童保育所の統廃合などが打ち出されたこともあり、これらに対して再び新住民が結集する。そしてその流れの中で、汚職事件のときには出馬を見送った稲葉三千男が立候補し、市長に選ばれる。

自民党員からも愛された革新市長

稲葉は東京大学新聞研究所に長く務め、その長にも就いた学者で、メディアについてまとめた著作が多い。選挙戦では「学者に政治ができるのか」の声も上がったと聞くが、市長の職に就いてからは、およそ学者とは思えないリーダーシップや社交性を見せた。酒の席などにとことん付き合ったというのは先にも述べた通りだが、政策にも通じていたという。当時から議員を務めている白石議員（一人会派）は「もともと頭の良い方が志を持って勉強していますので、並みの議員では太刀打ちできないくらいの知識を身につけていました。議会でも、担当職員に任せず、一人で答弁してしまうことが結構ありましたね」と回想する。

当初は対立していた野党議員とも折り合いをつけ、盤石の体制を築いた稲葉は、バブル経済の余韻のあるなかで、数々の大型事業を実現していく。市庁舎の新設、東久留米駅西口の開発、スポーツセンターや、障害者福祉センターの建設等々。これらに費やした、いわゆる投資的経費は、10年間で約

800億円に達する。その増え方は顕著で、1980年代は30億円前後で推移してきたものが、稲葉就任の2年後の1992年には100億円を超え(約111億円)、以降、約87億円、約93億円、約92億円、約104億円と支出を続ける。その頃の東久留米の一般会計の予算規模は平均でおおよそ350億円である。

この政治のあり方に対して「オンブズマン」の一人は「あの人くらい自民党の地主から愛された人はいない」と評する。また、稲葉市長を生み出す母体となった「東久留米ふるさとを創る会」の元代表・大谷は「政党色のないクリーンな政治を、と願って託してきたが、いつしか『箱もの行政』になっていってしまった。福祉系の箱ものを造るなど、革新系の考え方を取り入れながら自民・公明党とうまく組むという政治になった」と振り返る。

再び「地元の人」が市長に

この時代の各種の建設を、どう評価するべきかは難しい。【二章】で見たとおり、稲葉市政の1993年に市税はピークを迎えている。この頃の自主財源率はおおむね60%以上で推移。多少なりとも余裕のあった時代だったからこそ、各種の公共施設を造ることができたとも言える。しかし一方で、今にして思えば、この時代に財政の健全化をはかっておけば、2000年代以降、ここまで苦しむことはなかったのではないかとも思われる。

「あの時代に手を打っておけば」という意味では、ここでも国と地域との相関を見ることができる。国については言うまでもなく、この間はいわゆる「失われた10年」。戦後の日本に繁栄をもたらした各種のシステムが制度疲労を起こしていくなか、政治家はしきりと「改革」を語った。しかし状況の変わらぬまま、1990年代後半には勝ち組・負け組といった言葉が口にされるようになり、格差の拡大が目立っていく。そして、いよいよ人々が将来に希望を抱けなくなっていくなかで、その閉塞感に風穴を開けるように小泉旋風が列島を駆け抜ける。

小泉純一郎が首相の座についたのは2001年4月。戦後ナンバーワンという80%前後の内閣支持率を背景に参議院選挙で議席を増やすと、小さな政府を指向した「聖域なき構造改革」をさらに推し進めていった。そうした中で用いられたスローガンが、「官から民へ」「中央から地方へ」である。

東久留米はこの流れに見事に呼応する。体調不良を理由に1カ月の任期を残して稲葉が市長職を辞任。その後を争う市長選挙で、稲葉の後任候補者を退け、自民系会派に属して市議会議員を3期務めてきた「地元の人」、野崎重弥が当選する。2002年1月のことである。

イオン誘致と反対運動の始まり

野崎は就任翌年の8月、財政再建を目指し、公立保育園の民営化、児童館などの民間委託化などを打ち出す。いずれも小さな政府を指向した取り組みだ。

このころ、市は、広報誌などでしきりと「自助、共助、公助」を訴えた。まず自分でやる、自分でできないことは地域の人たちなどの協力でやる、それでもできないときには市の出番となる――このあり方を基本理念とし、「民間でできることは民間に」という姿勢を鮮明にしていった。

このようにして行財政のスリム化をはかったわけだが、削るだけでは市の発展は見込めない。そこで新たな財源として目を向けたのが、企業誘致による地域活性化だった。

この流れは先に見た通りだが、イオン誘致計画に対して建設予定地の周辺住民だけでなく、全市を巻き込む騒動になったのには、市内商業関係者の反対が大きい。このときイオン誘致反対の運動体として「イオン出店反対協議会」が立ち上がったが、ここには市内にある20ほどの商店会すべてが加わっている。さらには、「支援」という形で、商工会がかかわっていった。

これは相当に異例なことで、そのあたりの事情を、当時は商工会副会長だった現会長の則竹浩二はこう話す。

「商店主というのは基本的に保守的で自民党支持者が多いですが、商工会としてはあくまでも中立です。原則として、政治運動に参加することはありません。また、商工会の中には建設関係や製造業の人もいますから、反対運動の一方で、イオン出店をビジネスチャンスととらえる向きがあったのも確かです。

ですから反対運動に参加するかどうかは非常に難しい決断でした。最終的な判断のもととなったのは、『このまま個人商店が細っていくのを見過ごすわけにはいかない』という思いです」

この背景には、2つの事情がある。一つは、先にも触れたとおり、本来は建設できない場所に誘致しようとしていること。「協議会」の代表を務めた小島洋八郎は、はっきりと「イオン出店は法律違反だから反対した」と力を込める。拒否感からの出店反対なら商業主のエゴでしかないが、このときは正当な理由があったから反対運動が広がったといえる。

もう一つは、個人商店のおかれる状況があまりにも深刻だったことがある。

少子高齢化と個人所得の減少に直面した町では、地域全体の経済規模が年々縮小していっている。たとえば、市場規模を示す小売業全体での年間商品販売高は、1991年から2007年までの16年の間で、約60億円減っている（約1015億6400万円が約955億8700万円に減少）。小売店自体も減っており、1991年には753軒あったものが、2007年では548軒になっている。新規開業を無視して単純に言えば、16年の間で約3割が消えたことになる。

商工会の入会・退会の状況でいうと、ここ数年は、入会者は年に10軒から12軒。一方、廃業は年30軒前後となっている。

少子高齢化が地域経済にもたらす影響の一例としては、滝山団地に隣接したクリーニング店の店主から聞いた、20年ほど前と現在の商売の違いについての話をぱっと思い出す。店主は「かつてはキャンペーンをやると開店前から列をなしていることもあった。仕事をこなすのに必死という状況だったが、今では、お客を探すのに必死になっている」と話していた。20年ほど前に列をなした面々は、サラリーマン世帯。キャンペーンの内容はワイシャツクリーニングの特価料金で、何枚ものワイシャツを抱えて、多くの人が並んだという。しかし彼らの多くが現役を退いた今、ワイシャツクリーニングの特価キャンペーンでは集客できなくなった。その分、別の「商材」があればよいのだろうが、冬物衣類なども着古したら捨てるという風潮があり、売り上げ増の見込みはまったく立たない。

こうした地域経済そのものの縮小に加え、地域の個人商店を直撃したもう一つの大きなものが、大型店、チェーン店の出店ラッシュである。東久留米内の大型商業施設としてはイトーヨーカドーが市役所前と滝山団地そばに2店あるだけだったが（滝山団地そばの店は2009年に系列の『ザ・プライス』に業務転換）、2009年には、スーパーマーケットやユニクロなどが入る複合店「クルネ」が市西部でオープンする。スーパーマーケットのオープンやリニューアルも相次ぎ、イオンオープン直前の2013年2月には、イオンとさほど遠くない場所にコープ（生協）も開店する。さらに、市外にまで目を転じれば、自転車でも行ける場所に、ひばりヶ丘駅前のパルコや西友、田無駅前のショッピング施設「田無アスタ専門店街」やリヴィン、新青梅街道沿いにはニトリなどの大型ホームセンターなどが点在する。

この大型店に加え、ここ数年はコンビニエンスストアやドラッグストアの出店が相次いでいる。電話帳ベースでの調べになるが、1994年に17軒だったコンビニエンスストアのチェーン店は2014年では37軒に倍増している。

街を変えた大店法廃止

この15年ほどの間で地域の出店の状況が変わった背景には、相続税の影響と大店法（大規模小売店舗における小売業の事業活動の調整に関する法律）の廃止がある。

相続税については説明の必要はないだろう。納税義務の生じた地主が土地を売却するわけだが、たいていは一戸建て住宅やマンションが建つか、コンビニエンスストアを中心にした資本力のあるチェーン店が出店することになる。

「大店法の廃止」については、少し説明が必要かもしれない。

大店法自体は、百貨店の無秩序な出店を規制する『百貨店法』（1937年施行）の流れを汲み、1973年に施行されている。目的は『大規模小売店舗による小売業の事業活動を調整することにより、その周辺の中小小売業の事業活動の機会を適性に確保し、小売業の正常な発達を図り、もって国民経済の健全な進展に資する』というもの。店舗面積や営業時間などを規制するもので、出店においては地元の商工会への通知なども義務づけていた。

しかし、国内の大手流通業者に加え、アメリカからの外圧もあり、徐徐に規制緩和されていく。1994年には1000平方メートル未満の店舗の出店については原則調整不要となり、年間休業日数もそれまで義務とされた44日から24日にまで緩和される。そして2000年、同法はついに廃止となる。代わって施行された大店立地法（大規模小売店舗立地法）は地域の生活環境との調和を重視したもので、出店を厳しく規制するものではない。

この一連の流れの中で、大型店が出店しやすくなり、かつ、営業時間の規制を受けることもなくなった。年中無休・24時間営業という店舗が珍しくなくなっていく。はっきり言って、大店法にあった『中小小売業の事業活動の機会』が適性には確保されなくなっていったわけだ。

こうなると、個人店では戦えなくなってくる。商工会会長の則竹は「東久留米はオーバーストアだ」と指摘する。

「個人商店に対して、努力が足りない、という指摘がよくされますが、努力で何とかなるレベルを超えてしまっています。大型店でまとめ買いをし、生鮮産品は近所のスーパーマーケットで済ます。ちょっとしたものなら、身近なコンビニで。24時間営業のところも多く、便利さが優先されています。個人商店は商店主の高齢化も進んでおり、親父の苦労を見ている子どもたちには継ぐ気もありません。これでたちうちできるわけがないでしょう」

とりわけ、営業時間の問題は深刻だ。年中無休・24時間営業を個人商店が行うのは、ほぼ不可能。業種の問題はさておいても、家族経営の店が年中無休を取り入れるなら、家族が一緒に過ごす時間を放棄することになる。アルバイトを雇えばよい、と言えばその通りだが、ただでさえ地域全体の経済規模が縮小している中で、どうしてあえて固定費を上げるようなことをするだろうか。

私は以前、東久留米市に隣接する西東京市のショッピング施設「田無アスタ専門店街」に入る年配の商店主からこう聞かされて言葉を失ったことがある。

「よそが年中無休でやっている以上、田無駅前のアスタが定休日を設けるわけにはいかない。商売というのはそれぐらい厳しいもの。私が死んだときには、うちの息子は私の葬式には来ない。来ないで店を開けていろ、と本人にも言ってある」

約90の専門店が集まるアスタは、駅前開発によって1995年に開業したショッピング施設で、基本的には、もともと駅前に店を構えていた地権者がテナントに入っている。つまり、以前はそれぞれに営業時間を決め、定休日を設けていた個人店が入っているわけだが、取り決めにより、現在ではアスタ全体としての営業時間に各店が合わせることとなっている。営業時間は午前10時から午後9時まで（レストラン街は除く）。休業は1月1日のみである。1店だけ休業するということが許されない。これに合わせきれない店は抜けていかざるを得ない。では、抜けた後のテナントにはどういう企業が入るのだろうか。一般論として、チェーン店・フランチャイズ店が入るケースが多くなるだろう。チェーン店の強みは、工場で加工した商品の流通システムとその画一的な販売の仕組みである。要するに、販売窓口での専門的な技術は要さない。低いコストで展開でき、かつ、アルバイトで十分に店が回る。

こうした状況に個人店が対抗していくにはどうすればよいのだろうか。

商工会の則竹は和菓子店「むさし梅月」を営んでいるのだが、「結局、差別化を打ち出すよりない」と話す。則竹は、流通ルートに乗ってくる和菓子と差別化をはかるには生ものを昔ながらの製法で作るしかないと考え、職人とともに毎朝4時から仕込みを行っているという。1日の製造個数は約1500個。2人で作れる限界値なのだろう。それを現在では、3店舗で直販する。「個人商店は企業というより家業。家業は、町の人に喜んでもらうことをやるしかない」と則竹は言う。

少し話が横道にそれるが、則竹は約20年前、44歳のときに火災に遭っている。12月の夕方だったという。店が焼け、途方に暮れていたところ、次々と見知らぬ人が手を差しのべてくれたことを鮮明に覚えている。女性がジャンパーを貸してくれたのを最初に、いろいろな人が靴や洋服、食べ物を提供してくれた。おかげで、落ち着くまでの間、則竹、妻、娘2人の4人が食べるのに困ることはなかったという。以来、則竹は「みなさんの優しい気持ちに応えるためにも、絶対に店を続けないといけない」と固く誓っている。

そうして店を再建した則竹は、商売の一方で、社会福祉協議会などにかかわり、寄付やボランティア活動に熱心に取り組むようになっていった。滝山に隣接する久留米西団地に噴火に遭った三宅島の人々が避難してきたときには、地元の野菜や手づくりの紅白まんじゅうを配ったりもしている。

活力を失った地元商店会

則竹が個人商店を重視するのには、あるいはこうした自身の体験が反映しているのかもしれない。もちろん、チェーン店でも地域との接点を持つことは可能だろうが、より強固に地域とつながっていくという面では、地域住民の一人として根を下ろしている個人商店主のほうが志向も機会も多いように思われる。

しかし現状は、多くの個人商店が存続に苦しみ、大型店、チェーン店、フランチャイズ店が地域を席巻している。通信販売も拡大の一途だ。そしてこうした状況のなかで、商店会の多くが年々衰退していっている。

「それが時代の流れなら、商店会が衰退しても構わないだろう」という意見もあるかもしれないが、前述の通り、個人商店を主メンバーとする商店会が地域をつないできたという面は大きい。

その代表的で分かりやすい例が、各商店会が主催してきた夏祭りだ。祭りが地域で果たしてきた役割は無視できない。近所の者同士が一堂に集う場でもあり、体験を共有する場でもある。祭り以外に、地域の中でそうしたイベントはほとんどない。

だが、今や、商店会は、夏祭りを開催する力さえ失ってきている。再び西東京市の話になるが、田無山総持寺を盆踊り会場に田無商業協同組合が開いている夏祭りは、以前は基本的に7月28日から8月1日までの5日間で開催されていたが、２００９年から3日間に縮小された。組合メンバーの高齢化などもあり、5日は長過ぎるとして決定されたものだ。ちなみにこの盆踊りの日程は、「田無のお盆」が7月30日から8月1日とされていることに由来してきた。昭和初期の田無は養蚕の盛んな土地で、秋の収穫を前に8月中旬から忙しくなるため、比較的作業の落ち着く前述の日程が「田無のお盆」とされたのだという。そうした伝統を持つ日程だけにこの決定のときは短縮に反対する声もあったようだが、労力や費用という現実的な問題には勝てなかった。

祭りの問題は、滝山団地周辺の商店会にも発生している。滝山団地前を東西に延びる滝山中央通りを車両通行止めにして行う「滝山・前沢　みんなの夏祭り」は、約40年前に商店会主導で始まった。その開催日程は8月のお盆明けで組まれてきたが、これは、夏に多くの人が帰省してしまうため、「早く東久留米に戻ってきてね」という願いで決められたのだという。その実情は、いかにも地方からの流入者の多い滝山周辺らしい。この祭りは東久留米市内でも規模が大きく、最盛期には2日間で13万人の人出があったと言われる。

長い間、近隣6つの商店会で「滝山小売商近代化促進協議会」という団体を作り滝山団地自治会とともに主催してきたが、2007年を最後に一つの商店会が「もう、続けられない」と主催者から抜けた。その後3年間は5つの商店会と滝山団地自治会とで続けたものの、「今の商店会の状況では、いずれ祭りを開けなくなるのではないか」との危機感から、商店会連合での主催という形をやめ、各商店会が加わってNPO法人「東久留米ふれあいの街」を組織した。今では地域活性化のためにうたごえ喫茶などのイベントも行なうNPOだが、主目的は夏祭りを開くことである。行政からの補助金もこのNPOが受け取る。このあたりの事情に詳しい事務局の横井修はこう話す。

「商店主にとっては、運営費の協力金も負担になりますが、それ以上に設営のために人員を割かなければいけないのが厳しいのです。余剰人員を抱えられる店はそうそうありません。かといって、約40年にわたって作り上げてきた地域の伝統行事を、やめるわけにもいきません。祭りのためにNPOを作ったというのは珍しがられますが、そうでもしなければ、いつか祭りをやめるときが来るというのは現実的な話でした」

ここ数年の人出は、最盛期の半分ほど。それでも市内有数の規模の祭りであることは変わりない。

「イオンいらない」ステッカーの登場

各商店の実情はどのようなものなのだろうか。イオン出店反対協議会で会長を務めた小島に聞いてみた。小島は、滝山中央名店会で「鮮魚と、や」という鮮魚店を営み、現在は息子に店を譲っている。

「と、や」は地元ではよく知られていて、滝山を活動拠点とする桜木議員も「この辺ではあそこが一番客が入っている」と太鼓判を押す店である。従業員は保険など完備の正社員が7人、パートタイマーを入れると20人以上の規模になる。

小島が店を開いたのは1969年。滝山団地ができた翌年にあたる。商店会の中では、出店は遅いほうだった。その当時の商店街は市が主導して作った近代的なもので、車両の入れない約100メートルの遊歩道と広場から成り、その両側にスーパーマーケットや個人商店が約50店ほど軒を連ねた。2500坪くらいの大駐車場もあり、郵便局や銀行、市の出張所、病院などの社会インフラもそろっていた。こうしたショッピング街は珍しく、休日などは、近隣の小平、清瀬、東村山などからも大勢が詰めかけ、遊歩道などは人だかりで見通せないほどだったという。

黙っていても客が来るという状況で、商店の中には自分の実力と勘違いし、別の場所に支店を出して失敗した人も少なからずいたらしい。

しかし、20年ほど前から滝山団地の高齢化が目立ち始め、来店者が目に見えて減っていく。独居の人も増え、購入額も小さなものになっていった。

「と、や」自体のピークとしては、2000年頃になる。不景気を実感する時代に入っていたが、業績の落ちる他社を尻目に攻勢をかけていったことで客の囲い込みに成功した。その頃、平日で1日1200人から1500人の来店者があった。だが、現在では、その来店者数は1日500人から600人になっている。売上はピーク時の半分以下になった。商圏も、かつては半径2キロとみていたが、今では半径500メートルにまで絞っている。

こうした状況をみれば、本来の用途地域ならその規模では建設できない場所にわざわざ地区計画を作ってイオンを誘致するという市の方針に対し、地域の商店主が反対運動を展開したことは納得できる。「イオン出店反対協議会」に参加する市内の全商店会では各店に「イオンいらない」のステッカーを貼り、集会を開いたり、議会に請願を出すなどして、反対運動を行なった。言わずもがなだが、商店は地域の人々が日常的に出入りする場所である。そこに「イオンいらない」のステッカーが貼られた効果は大きい。昨今は新聞を定期購読しない人も増えているが、少なくない市民が、このステッカーを通してそうした問題が地域にあることを知っていった。

出店反対リーダーの「変節」

馬場市政を見るときに、実は、その誕生が地域の商店主に支えられたものだったということが一つの重要な意味を持っている。語弊を承知で荒っぽく言えば、商人は利にさとく、思想信条で動くわけではない。そのうえ、「協議会」代表の小島いわく、「一人ひとりが社長で、我が道を行くというタイプが多い」。それぞれが自分の仕事を抱えているという事情もある。身を守るためのイオン反対では結集したが、馬場が方針転換を示した後の冷め方は、あっけないほどだった。

仮にこれが、思想信条を基にした政治団体の支援だったなら、自ら野党議員に掛け合うとか、陰に日向に馬場を応援し続けるなど、違った展開があったかもしれない。あるいは、方針転換した馬場に対して、団体の中から、「馬場おろし」の動きが出た可能性もある。

しかし、先にも見たように、馬場市長誕生こそが市民運動の成果であり、後は馬場に任せる、というのが基本スタンスとなったため、市長になった後の馬場を後方支援するということがほとんどなかった。そして、その方針転換は、ただただ、「裏切られた」という怒りとあきらめで受け止められる。

その後の商人たちの動きには、興味深いものがある。「協議会」代表を務めた小島は、以来、市とのかかわりを絶った。馬場市政のもとで商店会への補助金給付などもあり、馬場と顔を合わせることもあったようだが、深く話すことはなくなった。

商工会の則竹は、その後会長になったこともあり、イオンオープン時には馬場と共にテープカットに臨んでいる。出店反対の先頭に立った人物がテープカットをする姿に揶揄するような声も一部で上がったが、則竹は、「出店が決まる前は反対したが、決まってしまったなら、それは受け入れるより仕方がない。そこは商工会の代表として、自分の役割を果たすまでです」と堂々と話す。

ちなみに、則竹は経営する「むさし梅月」の商品を、イオンの「銘店コーナー」に卸してもいる。これにも批判の声があるが、則竹は真っ向から意見を戦わせる。

「できてしまった以上は、その現実に合わせてうまく付き合っていくしかありません。私は商人ですから、この地域でどうやったら自分の商品が売れるかを考えます。最初は出店をしないかとイオンから声がかかったのですが、それは勘定が合わないから断りました。でも、商品を置くだけならそろばんが合う。批判の声があるのは知っていますが、商人として当然のことをしているのだと思っています」

このような商人の集まりであれば、もはやイオン誘致を止められない、となったときに、さあっと反対運動から手を引いていったというのはよく理解できる。このようにしてイオン反対運動の一角が崩れたことで、リコール運動なり、「再度の市長選挙で民意を問う」要求なりといった、市政そのものに抗議する運動は生まれなくなった。

「住民」はいるが「市民」のいない街

商店主以外の市民についても、少しだけ触れておこう。

大きなトピックとしては、共産党も加わる「みんなの会」が馬場不支持を宣言したというものがある。「みんなの会」は馬場を選挙応援するにあたって「イオン誘致計画の見直し」や「コミュニティバスの実現」など19項目の政策協定を結んでいたが、主要政策がことごとく反故にされることに憤り、コミュニティバス実験運行が見送られた直後の2012年2月、記者会見まで開いて、はっきり対立の姿勢を明らかにしている。「みんなの会」は東久留米地区労働組合協議会や新日本婦人の会、保育問題協議会など15団体から構成されており、その組織力をうまく生かせば少数与党の馬場市政を守り立てていく可能性も持っていたが、唐突に方針を打ち出すという馬場のやり方が続くなかで良い関係を築くことができなかった。この部分については、第二部で見る狛江市の事例が参考になるかもしれない。

イオン、保育園民営化、コミュニティバスなど、先に見た個別の問題については、方針が出たあとも議会ごとに市民からそれぞれの主張の請願が出されている。むろん議会の結論は、毎回、既定路線に沿ったものとなっている。請願は毎議会30件近く出され、その数は近隣自治体と比較しても多いほうだと言われたが、市民の間でそれ以上の運動が起こることはなかった。「ふるさとの会」の元代表・大谷は、冷ややかにこう話す。

「市民自身が批評家になっていて、運動家にはなっていない。結局、馬場さんを推したのは『市民』ではなかったということですよ。ただ投票をしたというだけで。

馬場市長を生み出した人たちは、『政策をどれだけ誤ろうと自民に代わるくらいなら馬場さんに任せておいたほうがよい』と判断したということでしょうね」

「オンブズマン」メンバーの指摘はより具体的だ。

「私たちの会の前代表は、日経新聞で論説主幹まで務めた作家の水木揚さんなんですが、水木さんはよく『東久留米には住民はいるけど市民はいない』と言っていました。

まったくその通りで、たとえば男女平等推進センターを利用している市民は5％しかいないという市民調査の結果があるんです。男女共同参画都市宣言をして10年以上、センターまで作っておきながら、市民の5％しかセンターを利用しない。地域に関心がないんですね。だから投票率も低くなる。

東久留米の場合、市長選挙なら投票率が40％を超えてようやく拮抗してくるんです。市議会議員選挙も同じです。現状なら、議員はせいぜい１５００人の支持者を守っておけばいい。それで再選できるんです。

これが、もし投票率が上がれば状況が変わってきます。議員の行動も変わっていくはずです。

結局、あの議会を見ないと分からないのでしょうけどね……。いろいろな人に『あの学級崩壊のような議会を見に行きなさい』と言ったのですが、誰も見に行きません。傍聴席で顔を合わせるのはいつも同じ面々ですよ。

馬場市政の4年間の何が残念かと言って、あのときは東日本大震災があり、大津波が来て、意識改革をやれる最大の機会だったんです。国民の気持ちがあんなに一つになったことは、戦後で初めてと言ってもいい。これから世の中は変わるな、と私は期待しました。でも、何も変わりませんでした。市長も議会も小手先のことばかりでしたし、市民も動きませんでしたね……」

ちなみに傍聴者の年間のべ数は、馬場市政の4年間で、2010年から順に、1065人、802人、793人、486人となっている（委員会、臨時会含む）。最も多かったのは馬場就任時の2010年3月議会で、このときはのべ290人が傍聴に訪ねている。なお、2013年9月からインターネットでの録画配信も行なわれているが、こちらのアクセス数は、スタート時の9月は824件。以降、10月＝265件、11月＝377件、12月＝287件となっている。平均視聴時間などは分からない。

ともあれ、このようにして、支えた市民は次々と去り、かといって馬場市長解任を求める動きも出ないまま、馬場は4年間の任期をまっとうすることになった。

最後にもう一人、市内に住む50代女性の一言を紹介しよう。

「馬場さんに期待していたのですが、外から見ている私たちには、何が起こっているのかまったく分かりませんでした。

この期間で進んだことは、野党が主張していた政策ばかりです。馬場さんは明らかに野党の主張に沿った政治をしているのに、なぜか予算だけは通らない。なぜ馬場さんが野党から反発されているのか、その意味が理解できませんでした……」

つぶさには見られないけれども市政にそれなりに関心を持っているという市民の本音は、あるいはこれだったのかもしれない。

第五章　風に流される選挙

「断腸の思い」からの不出馬

前章まで馬場市長の誕生からその４年の市政について見てきたが、最後に、それがどのように終わり、次に引き継がれていったのかを見ておかなければならない。

馬場の任期は2014年1月19日まで。２０１３年の夏には、2期目への出馬があるのかどうか、町中で人々の口にのぼるようになっていた。

常識的には、都政・国政に打って出るというのでもない限り、43歳の1期目の現職市長が2期目に立候補しないということは考えられない。しかし、馬場を支持する声は町中にはほとんどなく、市議会でも、馬場を支持する議員は2人だけという状況になっていた。大方の見方は、「そもそも選挙態勢を作れないだろう」というものだった。

ところが、そうした中にあっても、馬場は2期目への立候補をかなり真剣に迷っていたらしい。幾つかの証言を総合すると、少なくとも9月までは出る方向で検討していたと見える。ここまで見てきた事情からすればとうてい当選するとは思えないが、一方には別の見方もあった。たとえば、「みんなの会」の井口信治共同代表は、前提としては「当選することはなかっただろう」という見方を示しつつも、「イベントなどにはフットワーク良く出席していましたし、市民の間では顔が売れていましたからね。頑張っている市長という印象はあったかもしれません」とも話している。

実際のところ、市長選挙は現職の2期目がいちばん強い。何より、当の馬場自身が「市民の支持は得られていました。私自身は、議会のせいで市長がかわいそうだという声ばかり聞いています」という認識を持っていた。そのうえ公約については、イオンを除けばほとんど達成していると自己評価している。私が退任後の馬場を訪ねた際、馬場はこう話している。

「公約違反は、大きなものではイオンだけです。コミュニティバスはイオンに要望した『地域貢献』の中でシャトルバスを運行させていますから実質的には実現したと言えると思いますが、これも公約違反にしてもいいです。でも、それ以外はやっています。予算はなかなか通りませんでしたけど、暫定予算の中にちょこちょこと政策的なものを入れていましたから。

公約で言えば、88％達成しているんです。だから、満足しています。よくできたほうだと思っています」

公報に記載された公約には、（仮称）湧水・清流保全都市宣言、環境都市東久留米の推進、男女平等施策やDV対策を推進、多摩北部地域の医療・周産期医療の充実を東京都に強く要請、などが並んでいる。

このような馬場であれば、ごく当たり前のこととして、2期目への立候補を検討していたのだろう。そして、情勢をじっと見ていたに違いない。12月の市長選挙に向けてさまざまな思惑が交錯し出すなか、9月議会では進退を問われる場面もあったが、馬場は明言を避けた。結局、馬場が不出馬を明言したのは、決算委員会退席から約1カ月後の11月7日のことである。後任の人物は立てなかった。

その表明は記者会見で行われた。このとき馬場は、「断腸の思いで不出馬を決断した」と発言している。さらに、議会との関係が混乱したことについては、幾度も「私の不徳のいたすところ」と口にした。ただし、議会との関係がこじれたことについては、「正直言って、わからない」とも答えている。

この様子は新聞各紙でも掲載され、後に議会でも多少取り上げられることになったが、このときに馬場の言った「断腸の思い」が正確に市民に伝わっていたかは疑わしい。大半の人は、勝ち目がないため断腸の思いで出馬を見送った、と受け止めた。しかし、実はそれは正しくない。

かく言う私も、誤解していた一人である。馬場の真意を知ったのは、退任後に事務所を訪ねたときのことだった。そこで馬場は、こう語った。

「出たら、たぶん勝っちゃう。勝っちゃったら、議会の構成は変わらないわけだから、また同じ市政が繰り返されることになる。これは11万6000人の市民のためにならないと思ったんです。片方には、どうしても市長になりたい、という人がいる。そして、なんとかこちらを引きずりおろそうと必死になっている。そこと戦い続けても仕方がないな、と。それで、断腸の思いで出馬しないことを決めたんです」

この記者会見の場で馬場は、「市政を安定させ一歩でも前へ進めていくために断腸の思いで決断した」と述べている。てっきり、自分の力不足を認めた発言かと思っていたが、まったく逆の見解でいたというのは驚きだった。しかし改めて冷静になって考えてみると、後任候補を立てなかったという点に照らしても、理屈は通っている。馬場からすれば、市政混乱の原因は議会の側にある。とすれば、議会の構成が変わらない限り、後任候補者が当選した場合もまた、「馬場の後任だ」ということで苦しめられることになる。それは市民のためにはならない。だから、本当は自分が出たいのだけれども、市民のためを思って身を引く、という「断腸の思い」なのである。

「反馬場」で一致した市長選

しかし、理屈や思いは何であれ、政治に対して責任を負うのならば、2期目に立候補するか、最低でも後任候補は立てるべきであっただろう。現職市長の選挙は、単に自身の進退をかける場ではない。そこには、現市政への審判を問うという側面がある。また、少し厳しく批判すれば、「あなたの志はその程度のものだったのか」ということもある。何か本当に成し遂げたいことがあったのなら、たとえ議会との関係がこじれようと、戦い続けるべきであっただろう。選挙で勝機を見いだしていたなら、なおさらのことだ。自分の望むものと違う政治が行なわれるようになることを承知で無抵抗にその座を明け渡してしまうのは、あまりにも弱腰すぎる。

結果として馬場は、現市政への審判の場を市民に与えるという責任を放棄した形となった。単純な放棄ならまだ良かったのだろうが、不出馬表明をぎりぎりまで引っ張ったため、周囲の人々が後任候補を立てる時間をも奪ってしまっている。

このようにして現職側の立候補者がいないという2013年12月の市長選挙は、立候補した3人全員が「反馬場」のスタンスで主張を戦わせるという奇妙な選挙になった。

立候補したのは、前回選挙で馬場と争った自民系の並木克巳(44)、「みんなの会」の共同代表を務めてきた草刈智のぶ(55)、国会議員秘書を経て日本維新の会から立候補した前田晃平(30)の3人。馬場市政を継続するか否かというあるべき重要な選択肢がないうえ、国政においては第二次安倍政権が株価上昇を背景に高い支持率を持つという状況があり、ほとんど最初から勝敗が決まっていたという格好で、並木が勝った。並木はもともと選挙に強く、直近の市議会議員選挙でただ一人3000票以上を獲得している(3135票。2位の得票数は2138票)。票数は並木1万6024票、草刈8789票、前田6958票。投票率は34・55%だった。

結果についてはともかく、投票率については、少し触れないわけにはいかない。

全国的な投票率の低下傾向について改めて言うことはないが、ベッドタウンということに限定して言えば、投票率の低下から、今一度確認できることがあるように思う。月並みであるが、政治、とりわけ市政への無関心についてである。

曲がりなりにも馬場市政の4年間を見ていれば、その状況を変えたいと願うのが市民感情だろうし、任期中のリコール等は無理だったにしても、選挙は意思表示する絶好の場だったはずである。たとえ現職側の立候補者がいなかったとしても、結果としては野崎市政からの行財政改革が進んでいっているということへの是非は問われるべきだったはずだ。

3人に2人が棄権した意味

しかし、現実には、実に有権者の65％が投票をしないという結果に終わった。人数にすると6万1206人である（有権者数は9万3518人）。国政選挙において「どうせ死に票になる」「誰がやっても同じ」だから白紙委任する」という気持ちになるのは、肯定はしないが、分からなくもない。だが、市長選挙、市議会議員選挙の場合、規模が小さい分だけ、自分の一票の重さを確かに感じることができる。一票の格差の問題もない。特に市議会議員選挙においては、当落線上の票差は数票のケースが大半だ。東久留米の2011年市議会議員選挙でみると、当落を分けたのは16票差でしかない。

また、就任後のことを考えても、市長・議員にとっては、どれだけの得票数を得られたかというのは政治活動に影響する大きなファクターとなる。ここでは市長に絞って話を進めるが、選挙というのはただ勝てば良いとは言い切れない面もある。つまり、大差なのか接戦なのかで、その後の政治力に影響が出てしまうのだ。

具体的な例を挙げよう。馬場のもとで最終決定されることになったイオン誘致推進の件だが、民意という意味では、慎重派の馬場と推進派の並木の一騎打ちの市長選挙により、「イオン誘致は見直す」という結論に至ったはずである。ところが、野党となった自民・公明系の議員は、イオン誘致の立場を譲らず、通年予算の成立時に「イオンの誘致を計画通りに促進すること」の付帯決議を添えるなどして馬場を追いつめていった。この背景には、馬場が勝ったとはいえ、並木との票差が1464票に過ぎなかったことがある。得票率でみると、馬場は51・93%、並木は48・07%。投票率は41・2%にとどまっており、投票に行かなかった人も含めた場合、馬場を支持した市民は全体の約21%に過ぎない。勝ちは勝ちだろうといえばその通りだが、民主党ブームという追い風のなかでこの票差では、イオン問題や行財政改革への民意が正確に反映されたとは言い切れない。事実、自民系の野島議員は、私のインタビューにはっきりとこう答えている。

「私たちはイオンが必要という立場で戦わせていただき、馬場さんはいらないというお立場でした。結果として馬場さんが勝ったが、市民の判断は接戦だったんです。

これが大差だったら私も考えなければいけなかったのですが、民主党への政権交代という国の流れもあったなかでの結果なので、その後も、やはりイオンは必要なんだという立場を貫かせていただきました」

このように見れば、「自分の一票の重みを感じることができない」「誰が当選しても同じ」といった有権者の主張はまったくの詭弁でしかないことがはっきりしてくる。第一、仮にこの主張が正しいとするなら、国政選挙よりも、自分の一票の重さが実感できる地方選挙のほうが投票率が高くなければ理屈が合わない。だが、少なくとも東久留米などのベッドタウンでは、実態はまったく逆だ。直近3回（国政のみ4回＝衆参2回ずつ）のそれぞれの選挙の投票率をグラフにして見てみよう。

東久留米の選挙別投票率比較

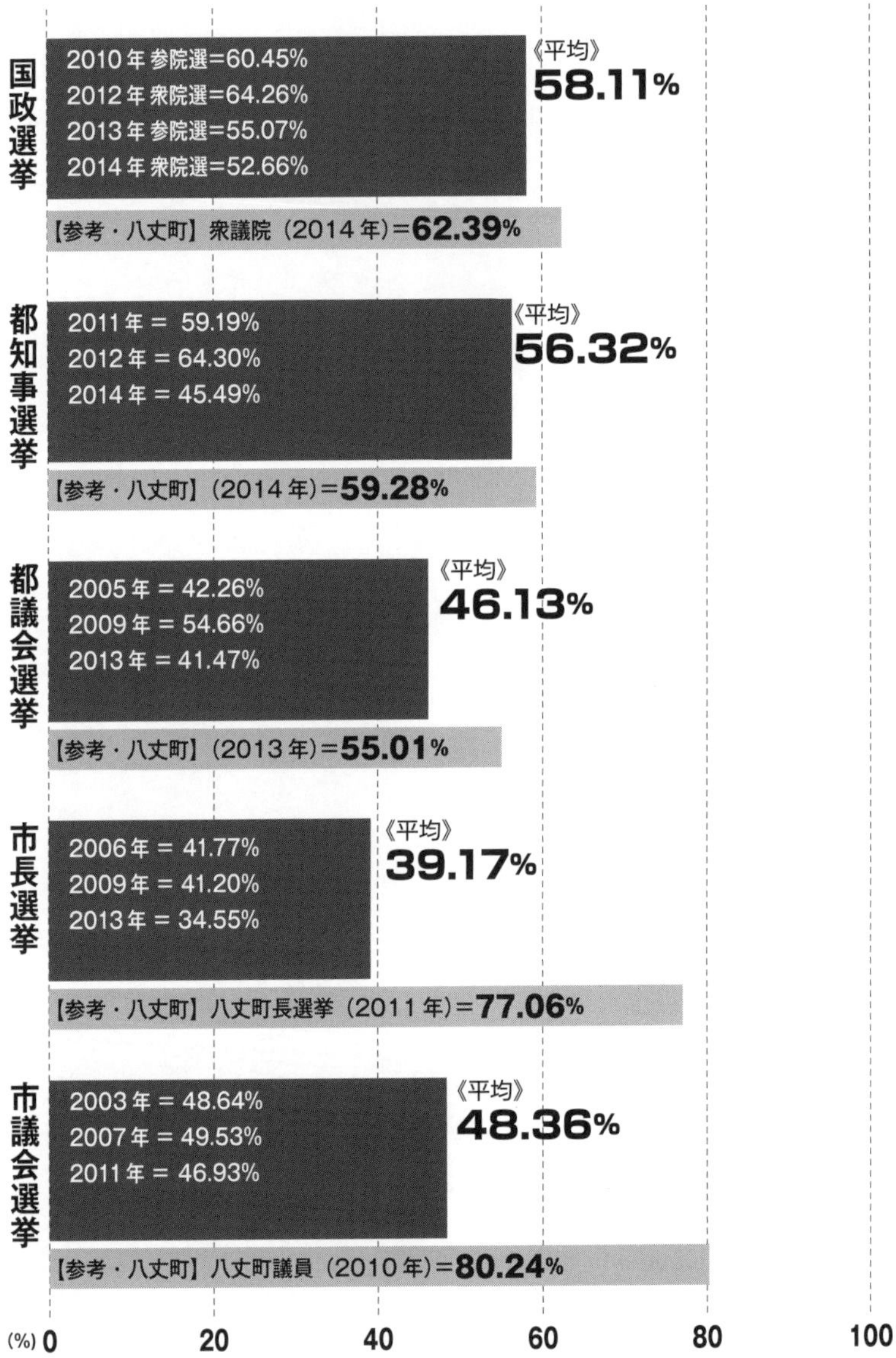

都議会議員も地元から選出していることを考えると、人々の地域への関心の低さは明らかだ。しかも、どういう理由なのか、市長選挙が最も低い。これは、小平、西東京という隣接する自治体を見ても同じ傾向である。1回の選挙結果がたまたまそうだったというのではなく、明らかに投票率の差があるのだから、これは基礎自治体への関心の低さを認めざるを得ないだろう。

ちなみに、極端な例ではあるが、東京都の離島、八丈島（八丈町、人口約8000人）の投票率を調べてみた。直近の選挙を比較してみると、衆議院（2014年）＝62・39％、参議院（2013年）＝62・25％、東京都知事（2014年）＝59・28％、都議会議員（2013年）＝55・01％、八丈町長選挙（2011年）＝77・06％、八丈町議員（2010年）＝80・24％となっており、明らかに町長、町議員の選出への関心が高い。投票率自体も高く、町政が自分の暮らしに直結しているという町民の意識がはっきりと見える。

ベッドタウン――その二つの意味

これに照らせば、東久留米などのベッドタウンが抱える問題は鮮明になってくる。要するに、市民の町への帰属意識の低さだ。これについては二重の意識構造があると言えよう。

まず直接的なのは、「家には寝に帰るだけ」という単純な理由だ。有権者の多くは都心に働きに出ている。1978年の汚職事件を受けて発行された『地方自治空白地帯―腐敗構造への挑戦』（政治広報センター）では、婦人運動家として著名な市川房枝が革新系候補者の選挙応援に駆けつけ、男性に対して「定時制市民」と揶揄している様が描かれている。学生を含んでのデータにはなるが、東久留米の昼間の流出人口は1980年で人口約10万6000人に対し約2万6000人、2010年では約11万5000人市民に対して約3万7000人。30年を隔ててもその比率はほぼ変わらず、実に、市民の約3割が、生活の半分ほどを市外で過ごしている。

そのような人々にとって、市の行政はほとんど関心の外である。介護中であったり、子どもに障がいがあったりすれば関心度合いも変わってくるが、積極的に公共サービスを利用する立場にいなければ、指定された納税を淡々とこなすだけ、というスタンスになる。

それだけならまだいい、とも言えるかもしれない。もう一つベッドタウンでの住民自治を難しくしているのが、根源的な意味で、「自分の町と思えない」という住民の意識だ。

東久留米は団地造成により人口が急増したと紹介してきたが、西東京市にもかかる「ひばりが丘団地」も加えて、東久留米団地、滝山団地、久留米西団地の総戸数を見た場合、その総戸数の全1万116戸のうち、分譲はわずかに2120戸で、残りの7996戸は賃貸となっている。そこに住む人々は、生活の状況によってはためらいなく他所へ引っ越していく。もともとこの地に何のゆかりもない人々なのだから、そこにこだわる理由はない。まして日中は仕事で都心にいるという人なら、市への愛着も乏しい。

住み続ける人の中にも、自治体に何か異変があったら転居すればいい、という意識は消えないだろう。「何か」というのは、極端にいえば、財政破綻して財政再建団体になるようなケースだ。ちなみに、財政再建団体になったとき、北海道夕張では2年間で人口の1割が転出している。住民サービスの低下や市税などの負担増を理由にしたものだが、近隣に似た環境の自治体がいくらでもある東久留米の場合なら、あるいはもっと急激な勢いで人口流出するかもしれない。

潜在的な意識という点でも、通勤の便利さなどを重視し、資金的な余裕があるなら少しでも都心近くに移りたい、という人は少なくない。定年後に郷里に帰る人もいる。もともとの住みついた理由が都心への通勤のしやすさなのだから、より良い条件があればその選択を検討するし、通勤が不要になったらそこを離れるというのは道理ではある。結局のところ、何年暮らしたところで、東久留米は仮の宿に過ぎない。

心のどこかにそういう意識がある限り、市への帰属意識は湧いてこない。「自分の町」という意識がなければ、当たり前だが、市政に関心など持てるわけがない。誰が市長であろうが、市長と議会が対立しようが、予算がどうなろうが、知ったことではない、となる。

無責任が生む「第三極」

投票率だけを追いかけると見誤るかもしれない。率の増減だけでははかれない中身の深刻さもある。馬場の後任を決める市長選挙は投票率が34・55％だったが、その選挙で日本維新の会の推薦で出馬した前田晃平が共産党推薦の候補者に迫る約7000票を獲得している。これを見て、ある市民は「ここに市民の無責任さが出ている」と力説する。前田は衆議院議員の秘書を務めるなどしてきているが、地域のなかで何か実績を持っているわけではない。年齢も若く、政治経験が豊かだと誇れるわけでもない。文字通り、まったくの新人だった。その新人が、大きな組織票があるわけでもないなかで約7000票を取る。それは恐らく、「自民党もいや、共産党もいや」という人の票であり、選択肢の一つとして意味のあるものだと思うが、地域に根ざしてこつこつと地域政治にかかわってきた人からすれば、イメージや感情で投票されることが許せないのだろう。

振り返れば、馬場の当選も民主党の風を受けてのものだった。すべての市民が、馬場の人柄や政策を見たわけではない。そもそもが、馬場が長く社民系会派に属してきたことを知っているのかも疑わしい。あの選挙時、馬場は市民の間で、あたかも民主党議員であるかのような受け取られ方をしていた。

結局、少なくない人たちが、風に合わせ、何となくのイメージでたった一票のその権利を行使していく。国政選挙前などは決まって「投票に行きましょう」のキャンペーンがメディアを中心に行なわれるが、投票行動そのものを放棄する人と、何となくのイメージや雰囲気で投票をする人の差をどう考えれば良いのか、正直言って、私には分からない。状況によっては、後者がより大きな罪つくりをすることだってあるように思われる。

第二部

地方自治再生のための処方

第六章　支えられた市長

ベッドタウンの共産党市長

東久留米の事例をここまで見てきたが、このような市政に対しての「処方箋」はあるのだろうか。どうして通年予算を専決処分するというような究極のところまでいってしまったのだろうか。何があれば、混乱をもっと手前で食い止めることができたのだろうか。

それを取材の中で多くの人にぶつけていったとき、実は複数の人から返ってきた事例がある。「狛江市の矢野市政」である。

狛江市では、共産党の市議会議員だった矢野裕《ゆたか》が1996年に市長に初当選し、2012年までの4期16年という長期政権を築いた。

これだけを聞くと、一見、共産党の強い土地柄なのかと思い込んでしまいがちだが、調べていくとむしろ逆で、当初は八方塞がりとも言うような厳しい状況の中でのスタートだった。それが、どのようにして盤石の体制を築いていったのだろうか。

矢野にインタビューし、当時の様子を整理していくと、東久留米の馬場市政と実に似た状況があったのが分かってきた。そして似ているからこそ、何が両者の差となったのかも見えてくる。まずは狛江の概要から整理してみたい。

東京都狛江市。世田谷、調布、神奈川県川崎という大きな自治体に挟まれた同市は、埼玉県蕨に次ぐ、日本で2番目に面積の小さい市である。人口は約7万7000人。都心からの距離は約14キロ。新宿から小田急線で約20分という便利さから、東久留米と同じく、典型的なベッドタウンとして発展してきた。学生をはじめ20代の人口が多く、就職や結婚を機に市外に移っていく人が目立つという。年間で転入出は約5000人に上り、出生・死亡の自然動態も加えると、市民の約7％が毎年入れ替わっている。

この市で1996年から2012年までの16年間、市長を務めた矢野裕は、就任当初、共産党員の市長としてメディアに盛んに取り上げられた。矢野によると、市長としては長野県塩尻、大阪府羽曳野に続く3番目の共産党員市長だった（町村では数例ある）。ただでさえ異例のところを、矢野は4期も務めている。その理由として矢野は、講演やその著書『市民《ひと》輝く狛江へ』（新日本出版社）の中で、幾度となく、「市民と一体の政治が行われたから」と語っている。それは一体どのようなものだったのだろうか。

市職員にそっぽを向かれた一期

矢野を訪ねたのは、2014年5月のことである。

指定された狛江駅北口の喫茶店を訪ねたのは約束の時刻の15分前だったが、すでに矢野は到着していて、店の前で店主と何やら言葉を交わしていた。すらっとした体躯で67歳とは思えないはつらつとした感じの人物。ノーネクタイではあったが、明るいグレーのジャケットを軽やかに着こなし、偉そうなところがみじんもない。簡単なあいさつを交わし店内に入ると、慣れた足取りで先を歩き、店の一番奥の席を取った。

声は少し乾いた感じで高く、一定のトーンでよどみなく話す。店内の落ち着いた雰囲気に合わせてか、小さめの声で話した。普段から小さな声で話す人なのかは分からない。率直に言って、律儀で控えめな人だという印象を持った。

改めて狛江の特性は、聞けば聞くほど、東久留米と似ているのが感じられた。市街化区域に対する用途地域別面積は、実に約88％が住居地域で、かつ昼間人口比率は約75％。典型的なベッドタウンである。矢野によると、都心に通勤・通学する市民が多く、「市内での昼間の活動はあまり盛んではない」という。大企業や工場などはなく、雇用人数という点では市役所が一番大きな事業所となっている。また、消費行動においても、新宿、渋谷、二子玉川、調布などに出やすいため、市外でする人が多い。

こうした状況によって、狛江では、慢性的な財政難が生じている。市面積が狭いため、固定資産税の増加は望めない。地元で消費がされないうえ、大規模事業所もないから、法人市民税もさほどない。頼れるのは個人住民税になるが、若い世代の流入出が多く、持ち家の世帯は高齢化が目立つため、担税世代が少なく高齢化が進むというバランスの悪さもある。

これに加えて、狛江では、1990年代に借金も増えている。矢野の著書には、「90年代に入るまでは普通会計の借金総額は100億円以下だったのに、わずか6年間で約240億円にまでなりました」とある。土木費を急激に増やしたのが借金増加の原因で、狛江駅の再開発やリサイクルセンターの建設などが推し進められた。このあたりの状況は、時期的にも、実施していることも、東久留米の稲葉市政と同じ歩みが見られる。

このように財政面での厳しさが課題に上がりつつあるなか、狛江で、市民を驚愕させる事件が起こる。当時の石井三雄市長による賭博・失踪事件である。石井は1984年から3期にわたって市長を務めていたが、次の市長選挙告示の目前に突然記者会見を開き、「莫大な債務を背負っており、取り立てに追われ、職務を遂行できない」と述べ、そのまま自宅にも戻らず失踪した。石井はバカラ賭博に熱中し、30億円以上もの債務を負っていた。後には、土木業者からの収賄も発覚し、実刑判決も受けている。

この騒動の中で誕生するのが、矢野市政である。矢野は市議を21年務めてきた共産党のベテラン議員。石井失脚の前から出馬を決めていたが、混乱の中で与党側が2つに割れるという敵失もあり、接戦を制した。得票数は矢野が1万2238票で、3人の対立候補はそれぞれ8881票、7244票、2066票。投票率は49・16%だった。

このときの議会の定員は25（欠員2）議席だったが、共産党が持っていたのは4議席のみ。議会からは常に不信任決議をちらつかされる難しい議会運営となった。

この頃を振り返る矢野の話は、馬場市政を検証するうえで非常に興味深い。たとえば矢野は、職員についてこう話す。

「役所に行って、市長室に入ってしまうと、間近で接するのは職員だけになってしまう。結局、追いつめられていくのかな……と思ったことはありました。

1期目に就任した当初などは、職員のほうも私が4年持つとは思えなかったようで、野党の人たちとつながっているんです。私に付こうものなら、政権がひっくり返ったときに自分の居場所がなくなってしまいますからね。それに、私の立場は前政権を刷新したいというものですから、官僚の人からすれば、自分たちのそれまでの政治を否定されることになりますしね。

それでどういうことが起きるかというと、たとえば委員会などで、野党の人が私の知らない資料を持っていたりするんです。後で担当部長に『あれは何だ』と聞くと、『さあ』ととぼける。『でも、持っていたでしょ』と問いつめると、『職員がフロアに落としたのを拾ったんじゃないですか』とすっとぼけたことを平気で言ったりする。

私は21年も議員をやっていましたから行政のことを知っているつもりでしたが、役所というのは得体のしれないところで、表に出ていないものがいっぱいある。彼らは情報公開に抵抗感があるんですよ、やりづらくなるから。財政のことなんかは、からくりや運営など、議員ではとうてい職員にたちうちできません。そういうのは、中に入って初めて分かりました」

野党議員が自分の知らない書類を持っていたという部分などは、馬場が就任後にイオン誘致関係の協定書の書類を知ったということと相似する。馬場も担当者に「この書類知っているか」と聞いたそうだが、「いや、知らない」と答えられ、協定書を交わす席に誰が同席したかも探させたがそれも判明しなかったという。数人の職員とともに、事業者が持つ書類を見ながら、「でも、市の捺印があるな……」「そうですね……」と顔を見合わせたとのことだった。その話を馬場から聞いたときには、そんな馬鹿な話が通るものかと思ったが、矢野の話を聞いて、実際にそういうコントみたいなことがあったのだと確信した。

10年不在だった副市長

副市長の話にも触れておこう。馬場は結局4年間副市長を立てられなかったが、矢野市政では実に、10年半もの間、副市長（当時は助役）不在が続いた。人事案を出しても通らず、水面下の交渉では、こんな反対理由を言われたこともあったという。

「市長は事前に根回しに来たが、当人はあいさつにも来ないからダメ、と。それから、『あの人は黄色い車に乗ってチャラチャラしていたからふさわしくない』と言われたこともありました」

このあたりも、馬場の人事案件と重なるものを感じる。

矢野によると、副市長の存在というのは非常に大きいのだという。行政では当然、あらゆる事務に決裁が行われるわけだが、その最終の権限は事務のレベルによって部長、副市長、市長というふうに分かれている。自治体によって異なるかもしれないが、矢野市政時代の狛江では、副市長決裁のものが一番多かった。副市長が不在となると、当然その決裁は、市長のもとに回ってくる。要するに、本来なら誰かに任せられる業務を市長自身がやらなければいけなくなるわけだ。決裁は単に印鑑を押せばいいというものではないから、そのつど、担当職員に事情を聞くなりして判断していく必要がある。仕事量は確実に増える。

また、副市長の重要な役割として、職員の相談に乗るということがあるという。職員にしてみれば、いきなり市長と相談するというのは、気軽にもできないし、本音も言いにくい。もちろん、時間という点でも、多忙な市長がそこに時間を取られるのは望ましくない。市長の役割は、外部との交流や、政策面の検討・調整、そして市の未来像を示すことである。それらの点からも、パイプ役としての副市長の存在は貴重だ。矢野は「副市長を立てることができてからはずいぶん楽になりました」と振り返る。

ターニングポイントの「宣言」

さて、こうした状況を確認したうえで、本題となる議会との関係と対処を見ていこう。

就任当初から矢野に対する野党の反発は強く、当時の議事録を読み返すと、ほとんど子どものケンカのような質疑応答が散見する。その一つ一つは取り上げるとキリがないが、ここでは2つ、例を挙げたい。

一つは、市長室への直通の電話番号をめぐるやり取りだ。秘書課が新市長就任に伴い電話番号の変更をしたのだが、それに対して、野党議員の一人が、「市民に知らせずに勝手に番号変更をした。番号を市民に公表したうえ、その変更経費2500円を支払え」と迫っている。この電話番号変更は、前市長に対しての取り立ての電話がたびたびあることから踏み切ったものというのだが、野党議員からすれば、自分の都合で勝手に経費を使った、という攻めどころとなった。

もう一つの例は、ある団体が狛江駅北口で許可なく消費税増税反対の署名活動をしたという問題だ。矢野の著書では「団体」と書かれているが、議事録でははっきりと、東京土建狛江支部を中心にした市民と記録されている。署名運動のテーマは消費税増税反対であり、活動には共産党員が多数かかわっていた。4時間で署名512筆が集まっている。この活動は、事前に道路使用許可を申請していたが、調布警察署、市ともにその許可を与えていない。それでも強行されたことに対し、野党議員が「道路の管理者である市長の責任だ」と追及している。「どうするんですか」と聞かれた矢野はこう答えている。

「管理責任者としては申しわけなく思います。ただ、市として何もやっていないわけではなく、担当部のほうで必要な交渉、対応をしてきたという報告を受けています」

これに対して野党議員は畳み掛ける。

「担当部じゃないでしょう。あなたがイエス、ノーを出すんでしょう。これは大問題なんだ」

この「団体」をめぐる攻防に、矢野の忍耐力も限界となった。矢野はそれまで幾つもの点で妥協し、審議拒否にあうたびに謝罪・陳謝をしてきたのだが、それもこれも、自身の初となる1997年度当初予算を議会に通してもらうためだった。少数与党ゆえに、野党の協力を得なければ予算を通すことができない。予算不成立だけは市長として絶対に避けなければいけないという思いだった。

しかし、妥協すればするほど士気を増していく野党の様子を見て、譲ることはかえって相手につけ入る隙を与えることになるのだと悟った。そして、予算審議中の1997年3月の予算委員会で、今後、予算否決↓不信任決議↓議会解散↓市議会議員選挙↓市長選挙と連動していくことを覚悟しつつ、毅然と対決宣言を行う。その宣言は、決意に満ちている。

「審議を促進したいという譲歩がかえって予算成立の可能性を遠ざけてしまいました。したがって、私はこれまでの本来不必要なお詫びなどについては、一切を撤回します。

また、今後私にかけられる不当な処分はいかなる形でも受けることはできません」

この宣言がターニングポイントとなった。矢野は、「不信任決議をするならすればいい。どんな矢が飛んできても受けて立つぞ。そんな覚悟ができたんです」と振り返る。

「予算通せ運動」の始まり

もちろん、宣言一つで揺らぐほど議会は甘いものではない。不信任決議はされなかったが、この議会で最も重要案件である当初予算は、結局、否決されることになった。

野党が否決した理由は、野党側が提案した21項目の組み替え動議への対応が不十分だからというものだった。野党側は予算案のうち21項目について見直すよう矢野に要請したわけだが、このうち20項目は政策変更して合意に至っている。

しかし、ただ1点、「高齢者入院見舞金制度創設」だけは、矢野にもこだわりがあり、修正・削除を受け付けなかった。この制度は、介護保険導入前は多くの自治体が取り入れていたもので、高齢者が入院する際に一定の見舞金を支給するという施策である。このときの予算計上額は461万円。多摩地域では、27市（当時＝現在は26）中の14市が実施していた。

共産党員の市長として、ここは譲れない施策だったのだろう。選挙時の公約の一つでもある。著書から抜粋すると、矢野にとってこれは「有権者を裏切る、重要な公約違反を私に迫る要求」だった。

結局、矢野は、他の20項目で歩み寄ったという自負もあり、この修正・削除を拒む。これによって、約240億円の一般会計予算案そのものが否決された。

この議会の対応に対し、市民が立ち上がる。矢野にはもともと、選挙時に発足した「豊かな会」という支援団体があったが、この団体を中心に、彼らの言う「予算通せ運動」が展開されることになった。

予算が否決された3月30日の夕方には、狛江駅前に支援者らが集まり、緊急集会が開かれた。この場に、矢野も駆けつける。現役市長の身ながら、マイクを持ち、市民に直接、議会の状況と自身の主張を訴えた。市長自身が街頭に立つとは言ってみれば禁じ手だが、「このときはこれ以上の最悪の状況はないと思い、怖いものはなかった」という。夕方5時過ぎの帰宅ラッシュが始まる時間帯、駅前は瞬く間に数百人の人で溢れかえった。その反応は矢野らにとっても予想以上のものだった。

これに手応えを得た矢野らは、全市的な運動を展開する。折しも世間全体に消費税増税への反発心があり、市民運動を盛んにさせる雰囲気もあった。運動は、市民たちの自主的な行動で広がっていった。

「野党時代の経験からすると、『共産党が騒いでいるだけだ』と見ていた人もいたと思うんです。しかし、私と一線を画してきた人や保守系の人たちなど、『何でこの人がここにいるんだろう』と私でもびっくりするような人がどんどん参加してくれました。

宣伝カーを繰り出すときでも、素人が放送をやっている。それを見聞きして、無党派の人々がどんどん動きだしてくれたんです。まさに、なだれを打ってうごきだすという感じでした」

具体的な行動としては、ビラを撒いたり、集会を開いたりして、とにかく議会の状況を知らせることに集中した。町中では、宣伝カーやハンドマイクの音が絶え間なく響いていたという。後で調べたところ、3週間で署名は8034筆（有権者の12・5％相当）、撒いたチラシは4種類・16万枚、ハンドマイク宣伝はのべ1366カ所に達していた。4月20日に開催した駅前・エコルマホールでの緊急集会は、1週間の準備期間にかかわらず、730席が満席になった。

これを見て矢野は、いざとなれば再選挙で市民に信を問えばいいと腹をくくる。そして4月の臨時会で、定例会で否決されたばかりの通年予算をそのまま提案した。当然、野党は「同じものを提出するとはどういうことか」と反発したが、結局、争点となった「高齢者入院見舞金制度」にかかる予算を修正したうえで可決することとなった。

この結末への評価は、二通りある。一つは矢野が意志を貫いたというものだが、もう一つは、議会のほうが大人の対応をした、という見方だ。どちらかといえば、議会側が市民生活に影響が出ないように譲歩したと見るほうが公正かもしれない。もしここで議会が予算を否決していたなら、それこそ、年4回の定例会すべてで予算が通らないというような意地の張り合いが続いた恐れもある。

ただ、では議会が仕方なく譲歩したのかといえば、それも違うだろう。同じ予算が提案されたことに心底憤っているなら、当然、予算そのものを退けるべきであった。しかし結局議会は、争点となった「見舞金制度」を修正することで折り合いをつけている。なぜ、最初は拒んだその修正を受け入れたのか。その判断の一因に、市民の「予算通せ運動」が影響していたのは、想像に難くない。矢野は、この経験から、市民本位の政治を本気で意識するようになっていった。

「それまでも市民が主人公とか、地方自治が大事だとか言ってきたのですが、今にして思えば、肝心の市民の力については頭の中でしか考えていなかったんです。なんとなく、政治家として『いろいろやってあげましょう』という意識があったように思います。

しかし、あの『予算通せ』を経験して、市民の力をもっと引き出す政治をやれば、政局などなしに、ストレートに市を動かしていけると思うようになりました。それこそが住民自治なんだ、と。『私の生きる道はこれなんだな』と、目から鱗が落ちるような思いがありましたね」

プラスもマイナスも情報を公開

この経験を通し矢野は、まず情報公開の徹底に着手する。それは、プライバシーや法令で禁止されているもの以外は全部出してしまおう、という大胆なものだった。庁議の議事録も公開すると示したときには、部長の一人から「私は庁議で一言もしゃべらないようにします」と反発されたりもした。ツイッターなどにもいち早く取り組んだ。

会議の内容などは基本的には2日で情報公開していったという。市民参加を進めれば進めるほど行政のスピードが遅くなる心配はあったが、それでも情報公開をしなければ本当の住民自治はできないという思いがあった。住民自治と情報公開について、矢野はこう話す。

「情報はプラスのことだけでなく、マイナスのことも知らせていかなければなりません。その両面を知ったうえで、市民自身が良いか悪いかを判断していくべきなのです。

ですから市民の側も、要求だけするというスタンスではいけません。異なる意見を聞き、マイナスの情報も知り、それらを踏まえたうえで、市民の間で調整する力を持たないと。そのようにして意思決定をしていけることが、本当の住民自治だと思います」

情報公開や住民自治への指向を鮮明にした矢野は、2000年以降の厳しい財政状況に、市民と対話しながら立ち向かっていく。

東久留米でさんざん見てきたように、2000年代に入って自治体の財政状況は著しく厳しくなっている。原因に挙げられるのは、景気後退に加え、バブル期から1990年代に作った債務、少子高齢化の影響、などがある。そしてもう一つ、基礎自治体を直撃したのが小泉内閣による「三位一体の改革」だ。東久留米の保育園問題のところでも触れたが、地域の自由度を高め税源移譲していくとして、結果的には大幅な地方交付税の削減が地方自治体を直撃した。国全体としてみれば、税源移譲は約3兆円されたが、国庫補助負担金は約4・7兆円が実質のカットとなり、地方交付税（臨時財政対策債含）は約5・1兆円の削減となっている。

狛江の場合、地方交付税等は2004年度には約8億4000万円、2005年度にはさらに約3億円がカットされている。経常収支比率98・7％（2003年度決算）というまったく財政上の弾力性がない自治体からすれば、一般会計230億円程度のうちから10億円も歳入が減る事態は、まぎれもない危機である。

周知徹底よりも市民の「理解」を

この状況に対処するため、矢野は2005年4月から3年計画で実施するものとして「行財政基盤確立のための緊急行動計画」を打ち出す。職員を約20％削減、補助金・負担金の見直し、サービス提供の見直しなどを示したもので、要するに、行財政改革で組織と事務のスリム化を図るという方針である。これは、東久留米の野崎市政が2003年夏に財政危機宣言を発して、保育園民営化などを含む「7つの方針」を掲げたのと酷似する。東久留米では自民系の野崎が小泉政権と足並みをそろえた格好となったが、狛江の事例に照らすと、実はこのときの自治体には、市町村合併にでも踏み切らない限り、行財政改革を進めていくよりほかに選択肢がなかったことがわかる。矢野は「まさか自分が行革の先頭に立つとは思わなかった」と振り返る。職員組合との折衝では「矢野さんなら守ってくれると思っていた」「共産党の市長がこんな提案をするのか」と厳しく責められたこともあったという。

そうした声や反発に対し、矢野は、「次の選挙には出られない」という覚悟で改革に着手していった。職員や市民への説得に奔走し、説明会は一人でも多くの市民が参加できるよう土・日曜日や夜にも開催した。説明会には矢野自身も8割以上に出席し、財政の仕組みや三位一体改革の影響、狛江市の対応などを話して回った。参加した市民は5000人以上にのぼったという。人口約7万7000人の市で5000人以上に直接説明しているなら、熱心に説明責任を果たしたと評価できよう。

こうした取り組みの中で、市民との対話によって練られていった例の一つに、ごみ有料化がある。矢野は2005年にごみ有料化を決断しているが、実は有料化自体は、2002年に審議会から導入すべきとの答申が出ていた。これを矢野は、「市民に反対の声がある」として棚上げしてきていた。

3年も保留してきたことを導入するのだから、当然、そこには市民への説明が不可欠となる。加えて、ごみ有料化は、全ての市民の協力が必要な事業である。周知徹底はもちろん、市民の「理解」が得られなければその事業は成功しない。理解がないまま制度導入すると、当初は効果が得られても、すぐにごみ量が増えるというリバウンドが起こってしまうからだ。

ごみ有料化は金銭的な負担増の観点から市民に反発されがちだが、実は本当の狙いは違う。ごみ処理費を市民に負担させるのが目的ではなく、一人ひとりがごみをなるべく出さなくなることで全体の排出量を減らすということが本質的な狙いである。回収されたごみは中間処理施設を経て最終処分場に送られるが、両施設とも、ごみ排出量に応じて処理の負担金を課す仕組みとなっている。したがって、ごみ排出量が減れば、この負担金が少なくて済む。自治体の財政面では、この効果が大きい。その仕組みを市民が理解していないと、税金を納めているのにさらに負担が増えた、と不満が募ることになる。逆にそこがきちんと理解されていれば、市民一人ひとりのごみ減量の努力は継続しやすい。

こうしたこともあって、矢野市政では事前・事後の説明会に力を入れた。のべ2400人の市民と対話している。説明会では、狙いを話すだけでなく、市民の声にも耳を傾けた。その結果、ボランティア活動で出るごみや落ち葉、紙おむつは無料にするという施策の修正を行うことにもなった。

このように市民の理解が得られたからだろう。当初は年10%減と見込まれていたごみ量は、半年後には約19%減、リバウンドしがちな3年後でも18%減という高水準で推移し、ごみ処理の負担金も約2億円減少することとなった。これに、有料化による市民負担額約2億円が加わるため、財政的にはかなり大きな効果が得られている。

公立保育園を守るための変化

また、矢野市政における行財政改革の注目すべき取り組みには、保育園の民営化問題もある。「緊急行動計画」を出す中で、矢野はそれまでの姿勢を変え、民営化を否定しないというスタンスを取った。公立保育園についても、老朽化の目立つ1園で具体的に民営化を検討し始めている。

これは、金銭的な面だけではなく、職員の士気を考慮するという面もあった。というのも、緊急行動計画によって2005年から5年間で115人の職員減を打ち出していたが、保育園については子どもが対象ということもあり、手をつけないどころか、むしろ増員までされていたからだ。そのまま推移すると、予定の定数削減が完了する頃には職員の4分の1が保育園職員ということになってしまう。これでは、ほかの部署の職員の不満が募る。

それを懸念し検討を始めたのだが、もともと矢野は、積極的に民営化をしたいわけではない。いろいろ検討していく中で、大阪府吹田市の事例が一つのヒントとして持ち上がった。保育園職員が労働強化も受け入れ、公立保育園存続のために尽力しているという先行例だった。

その方向なら狛江でも取り組めるのではないかと考え、矢野は職員組合に掛け合う。具体的には、延長保育の拡充、園庭開放、一時保育の実施などを持ちかけ高水準のサービスができるように要求した。

この交渉は苛烈であったようだが、最終的には理解を得ることができ、結果として、矢野市政においては公営保育園を守ることとなった。矢野によると、当時の狛江は、多摩26市中で公営保育園が占める割合が最も高い市だったという。公営保育園にこだわった理由を、矢野はこう説明する。

「行政目線で言えば、民間にしてしまったほうが財政的には楽だと思いますが、公営保育園が市内にバランス良く点在することで、地域で安心して子育てできる環境が維持できるのだと考えています」

その後、矢野市政においての公営保育園は、地域の子育て拠点としての機能を持ち、民間保育園の職員も含めて研修を行なったり、保護者の子育て相談の中心を担うなどした。

このような矢野市政であったが、矢野自身は高齢などを理由に2012年に次期市長選挙の不出馬を表明し、政界を引退する。後任候補者を立てたが、民主・自民・公明・生活者ネットワークの推薦を受けた元公益財団法人東京都公園協会理事長の高橋都彦に敗れた。

市長の哲学と説明責任

ところで、矢野へのインタビュー中、矢野からは興味深い指摘を幾つも聞いた。ここでは、特に印象的だった3つを記しておきたい。

まず一つめは、合併についてだ。1995年の地方分権一括法で合併特例法が改正されたことにより、1999年から2010年にかけて、いわゆる「平成の市町村大合併」が起こっている。全国の自治体数は、3232から1727にまでほぼ半減した。2014年4月現在では、1718市区町村になっている。多くの合併の理由は行政事務の効率化などだが、三位一体改革の地方交付税減少によってさらに加速した面がある。

当然、狛江でも合併の話が出ていておかしくなさそうなものだが、どうだったのだろうか。ストレートにそう質問したところ、矢野からはこんな答えが返ってきた。

「私は議員時代から、住民自治を目標にして市政にかかわってきました。その立場から言うと、人口10万人前後というのは、市民と行政が直接対話をしていけるちょうど良いサイズなんです。

また、財政効果という面で言うと、世田谷や調布という大きな自治体に接する狛江の場合は、飲み込まれてしまうのが目に見えています。まちづくりというのは、中心部や繁華街から発展していくもの。となると、狛江がくっついても、『へんぴな場所』という位置づけで終わってしまう。

そういう意味でも、合併は考えませんでした」

この発言からは、市民とともに独自の町を作っていこうという意気込みが見える。その当時の実際がどうだったかは分からないが、この発言だけでみればまったくの揺らぎがない。当然といえばそうだが、市長がこうした哲学を持つということはリーダーシップという点で重要だろう。

もう一つは、東久留米の事例についての「一般論」だ。矢野へのインタビューは、「東久留米についてては事情が分からないのでコメントをしない」という条件のもとで行った。したがって、私のほうからは、東久留米についての質問はしなかった。そういう一問一答の流れの中で、矢野は、示唆するように「あくまで一般論として」こう言った。

「公約違反だから全部ダメ、ということでは、首長はつらい。市民や支援団体の方が裏切られた気持ちを引きずってしまうと、細かなことでも反発するようになり、歯車が戻らなくなってしまいます。ただし、言うまでもありませんが、首長の側にはきちんとした説明が必要です。最終的には、話し合いで乗り越えるしかありません」

結局のところ、行政においては、外から見えるものと中に入って分かるものの差が相当にあるということなのだろう。外にいる者には見えないその差をきちんと示すことが市長の責務となる。国政においても多くの国民が民主党に「埋蔵金」の発見やら情報公開を求めたのも、中に入らないと見えないものに手を突っ込んでくれると期待したからにほかならない。そこにこそ政権交代の意味がある。

矢野は少数与党で物ごとを進めるポイントとして、こう強調した。

「まず、方向性として正しいほうに進んでいるということが大事。利権とか私物化とかお友達とか、そういうことは絶対にダメ。そして、暴露されて困るようなものを作らないこと。堂々となんでも情報を公開していく。そうすれば、やろうとしたことを断念するケースも含めて、どんなことであれ堂々と議論できます」

「うっかり革新」の限界

それからもう一つ——これが非常に面白い言及だったのだが、矢野が言ったことにこんなものがあった。

「うっかり市政革新をしてはいけないんです」

これは「ある自治体研究の方」の言葉なのだそうだが、不祥事や突発的な要因でにわかに誕生した革新市政は、ほとんど短命で終わってしまうのだという。原因ははっきりしていて、まず知識、人脈、特に経験において新市長及び新与党の限界があるということ。それと、住民のほうにも市民参加や支援する風土がないことによる。

実はここに、共産党が与党という矢野市政が4期16年も続いた理由がある。前市長の賭博・失踪事件への反動から生まれた市政なので、ともすると「うっかりできた」政権に見えるが、実はそうではない。狛江の共産党市議団では、1984年に「2000年に市政革新を果たそう」という目標を立て、10年以上かけて地道に準備してきていた。きっかけとなったのは、世田谷、調布、川崎という隣接自治体すべてで反自民の首長が誕生したことである。政治革新の機運が高揚している社会状況の中でさえ、狛江では自民党政治が続いていたことから、矢野も一員であった狛江の共産党市議団は、「与党として通用する議員団となり、15年後には政権交代できるように」と目標を掲げて、その実現計画を練っていった。

この目標設定によって、共産党自体のあり方が変わっていく。それまでは「野党だから反対」「開発や値上げは反対」という発想でいたが、「野党だから」「共産党はこうだ」という固定観念を捨て、「それが市民にとってどうなのか」をベースにものを考えていくようになった。

たとえば小田急線の高架工事も、その発想で推進した事業の一つだ。「開かずの踏切」による交通渋滞や市の分断が問題となっていたことから、開発事業に反対しがちだった共産党も高架工事に賛意を示す。これによって、先に着工予定だった世田谷よりも、狛江のエリアのほうが先に工事されることにもなった。

「予算通せ運動」が築いた長期政権

こうしたことの積み重ねが市政革新につながり、さらに長期政権を築くことにもなった。ブームで終わらない確かな政治を進めるには、送り込まれる政治家の側、それを支える市民の側ともに成熟していく必要がある。矢野市政の場合は目標よりも4年早い政権誕生となったが、それでも10年かけて準備してきたものが実った。この事実を踏まえれば、「予算通せ運動」が市民の間で始まり、一気に広がりを見せたことも、下地があってのことだったのだと合点がいく。「予算」という、市民にとってはなじみの薄いテーマだったにもかかわらず、多くの市民がかかわる運動に発展したのは、「政治を変えたい」という思いが市民の間に浸透していたからなのだろう。

この狛江の例をみていくと、やや叙情的にはなるが、「信頼」という言葉が想起されてくる。長期政権の始まりには「予算通せ運動」があったわけだが、このときになぜ市民が立ち上がったのかといえば、「市長が戦ってくれる」という信頼感があったからだ。実は東久留米のイオン誘致に関連し、市民からこんな声が幾つか聞こえてきた。

「我々も戦うつもりでいたのだけど、馬場さんが一緒に戦わせてくれなかった」（「みんなの会」共同代表・井口信治）

「市長が反転してしまったら支えるわけにいきません。批判されても一生懸命に耐えて立つのであれば、それは身代わりとなってでも支えるのですが、こっちを向いてくれないのでは支えられませんから」（篠原議員・共産系）

要するに、東久留米においては、市長が揺らいだことで市長と市民が一体になって運動ができなかったとはっきり言えるわけだ。

この視点で見たとき、狛江の矢野の場合、先にも触れた対決宣言が大きかった。その姿勢を見たことで、矢野支援の人々は「この人となら一緒に戦える」と確信したことだろう。その後の市政においては住民への説明、対話を重ねていったわけだが、それは「市民参加」という面と同時に、信頼を深めていくという観点から捉えることもできる。「共産党員の矢野さんがそんな改革をするとは」と何度も責められてきたそうだが、それでも長期政権を築けたのは、「説明し、理解を得る」という信頼構築を続けてきたからにほかなるまい。

政治で「説明責任」が重要なのは、それが果たされなければ不信感を生じさせるからだ。不信感が募れば、政治は空転する。狛江の事例を見ると、人々が行政、市長、議会を信頼するということの重要さがよく分かる。

さて、狛江の事例はここで稿を閉じるが、一つ注記しておきたい。先にも書いた通り、この章は矢野のインタビューに基づいて構成している。矢野への評価はさまざまあるだろう。前述と矛盾するようだが、矢野退任時の新聞記事の一つに、「職員の意見を聞かず、ほとんど独裁だった。そのうち、職員は口をつぐんでいった」（都政新報、2012年5月29日、一部編集）という職員の発言があるのも読んだ。しかし、それを承知のうえで、4期16年を務めた実績に照らし、市民の支持はあったと判断してこの章をまとめている。片側からしか見ていないという批判も恐らくあるだろうが、東久留米市政に対する一つの対照例として、リーダーシップ、対話、信頼という観点から紹介した。

都内初の住民投票――小平市の実例

狛江の事例については市長の視点からまとめたが、住民の目線からは市政がどう見えるのだろうか。今度は、住民発の住民投票を都内で初めて実現した小平の事例を追ってみる。

小平市は、東久留米の南西に位置して、古くは同じ北多摩郡に属していたこともあって、お互いになじみのある町だ。人口（約18・6万）、面積（約20平方キロ）とも東久留米を上回るが、人口密度は9000人台前半で、田畑が少なくなく武蔵野の面影を残す点などもよく似た町とも言える。

その小さな町でわき起こった「都内初の住民投票」が全国から注目されたのは、記憶に新しいところだろう。

50年以上も前に策定された計画をもとに、住宅地には貴重な雑木林を伐採して新たな道路を造ることの是非が問われた一件は、隣接する東久留米の馬場市政と同時期であったこともあり、とりわけ議会の役割というところで、考えさせられることは多い。

そして、だからこそ、そうした市長・議会に対して市民がどう向き合うべきかという問題が、やはり東久留米同様に投げかけられてくる。全国的に広く知られた住民投票のため住民の主張は十分伝わっていることと思うが、それに対して議会がどう反応し、どのように思考していったのか、そのあたりを中心に探ってみたい。

「ホタルの夕べ」を壊す都道計画

住民投票からちょうど1年後の2014年5月、「小平都市計画道路に住民の意思を反映させる会」共同代表の水口和恵と問題となった都道建設予定地で待ち合わせた。

雨が降ったりやんだりの不安定な天気の日だったが、水口は現場に自転車で現れた。細身で小柄な女性である。書類をたくさん詰めたような、重そうなバッグを持っていた。恐らくいつも資料を持ち歩いているのだろうと思われた。

現場は、西武国分寺線鷹の台駅から続く小平市中央公園に隣接している。そこには、何の障壁もなく歩み入ることができる。何も知らなければここも公園の一部と疑うことはない。コナラやヒノキ、エゴノキ、アカシデなどから成るこの雑木林には、国や東京都が指定する希少種に、植物ではキンランやマヤランなど10種、鳥類ではエナガ、アオバズクなど9種、昆虫類ではヒグラシなど3種が生息している。

林深く入ると、ターゲットバードゴルフというニュースポーツに一人興じる年配男性に出会った。バドミントンの羽のついたゴルフボールをクラブで打ち、木の根元などに張られた網に収めていくという競技だ。水口の話では、多い日は何人もの人がここでターゲットバードゴルフを楽しんでいるとの

都道建設予定地の雑木林

ことだった。整備された雑木林だけに、雑草も少なく、木々の間隔が適度にあり、競技にちょうどよいのかもしれない。都道の建設認可が下りるまではこの林でさまざまなイベントが開かれ、2011年までは毎年6月に、市内の愛好家らの協力によってホタルを放つ催しも行われていた。この「ホタルの夕べ」は、6000人超もの人が集まる、地域の名物行事でもあった。

都の計画では、この雑木林の樹木481本を伐採し、幅員36メートル・片側2車線の道路を通すことになっている。雑木林に隣接する玉川上水の部分は、上に橋をかける。「小平3・2・8号線」としての道路自体は全長約1・4キロ、府中所沢・鎌倉街道線として町田市森野二丁目〜東村山市久米川五丁目の約27キロを結ぶことになる。問題の区間はその中間に位置しており、同線上で唯一未着手区間となっていた。

水口らの市民団体では、建設自体への反対も含みつつ、すぐ近くを走る府中街道を改修してそこにつなげることで代替するなり、雑木林の部分は地下化するなりの対応ができないかと考えていた。ちなみに、この計画は1962年に作られたもので、その後、建設予定地にも住民が引っ越してきている。立ち退き軒数は約220戸にのぼる。

住民投票運動は、この道路建設をめぐって起こった。

反対運動自体は、議会への請願などの形で計画策定時から続いていたが、住民投票運動の直接のきっかけとなったのは、2012年に市が開催した「小平3・2・8号まちづくりワークショップ」だった。水口が代表を務める市民団体「都道小平3・3・8号線計画を考える会」（※会の名称は旧呼称の

「3・3・8号」としている）の請願で実現した市民の声をまちづくりに反映させるための4回にわたる意見交換会だったが、この結果できあがったのは、「こんな意見が出ました」という報告書だけだった。「考える会」としては市民同士で話し合い具体的な提言をまとめていくことを意図していたが、意見集約とはほど遠い結末。このままだと、計画通りに都道建設が行われるだけでなく、このワークショップによって「十分に市民の意見を聞いている」というお墨付きを行政に与えてしまう懸念さえあった。

そんな危機感から生まれた発想が、住民投票だった。

住民投票を実現するためには、まず条例を定める必要がある。市民団体メンバーらは、地方自治法74条で規定されている「（有権者）50分の1以上の者の連署をもって、普通地方公共団体の長に対し、条例の制定又は改廃の請求をすることができる」という規定に従い、署名集めに奔走した。1カ月で約3000筆を集める必要があったが、終わってみれば規定数の倍以上にあたる7593筆の署名が集まった。このうち、有効署名と認められたのは7183筆。その署名をもって市長に住民投票の条例制定を直接請求し、規定により、市長から議会に、「東京都の小平都市計画道路3・2・8号府中所沢線計画について住民の意思を問う小平市条例」案が提出されることになった。2013年3月のことである。この部分については後に詳述する。

ともかく議会最終日の27日に条例は成立。5月26日に住民投票が行われることも決まった。ここまでは、多少のアクシデントがあったものの、順調に来ていたと言っていい。

開票されなかった民意

ところが、4月7日投開票の市長選挙を挟んで、事態が急変する。同月24日に臨時会が開かれ、急遽、住民投票に、「投票した者の総数が投票資格者の総数の2分の1に満たないときは、成立しないものとする」という成立要件が課せられた。

実際の投票では、投票率は35・17％にとどまる。結局、住民投票は不成立、結果は開票しないという後味の悪い終わり方となった。

「住民の意思を反映させる会」ではその後も開票を求めて運動し、「非開示」決定に対する異議申し立てや、市に対して約7000筆の署名の提出などを行っている。しかし7月には国から事業認可も下り、都も事業着手を発表。異議申し立ては棄却され、約1万3000筆の署名を添えた「開票結果の公表を求める請願」も不採択となるなど、開票への期待はことごとく打ち砕かれている。同会の共同代表4人は市を相手に、投票結果の開示を求める裁判に踏み切ったが、2014年9月5日、東京地方裁判所は原告の請求を却下している。

この一連の経緯については、運動にもかかわった哲学者・國分功一郎の『来るべき民主主義――小平市都道328号線と近代政治哲学の諸問題』（幻冬社新書）に詳しい。また、インターネットでも複数情報を拾える。特に、「小平都市計画道路に住民の意思を反映させる会」のホームページ（https://jumintohyo.wordpress.com）には、國分、中沢新一（思想家、人類学者）、宮台真司（社会学者）、いとうせいこう（クリエイター、小説家）ら著名人が参加したシンポジウムの様子も詳しく掲載されており、参考になる。

都道建設問題、住民投票問題についてはそれらをご参照いただくとして、ここでは自治を考えるという立場から3つの視点で、幾つか述べてみたい。

市民運動においての、①行政との関係、②団体の中での意思決定、③議会との交渉・かかわり——の3つだ。

市報の配布も禁止

まず行政との関係についてだが、反対運動の場合、これを良好に築くのは難しい。両者のスタンスがあまりにも乖離しているからだ。市民側は話し合いの場を求めるが、行政は、話し合う姿勢を見せても、本気の交渉には応じない。つまり、話し合いの場を持ったというパフォーマンスに徹する。これが余計に市民に脱力感を与えることになる。

はっきり言って、水口の行政への不信感は相当に強い。それは、「話し合いに応じてもらえない」という無力感から生じている。水口はこう話す。

「署名を出す時などは複数人で都庁や市役所に行くのですが、形だけ受け取るという感じで、真剣に聞いてくれる雰囲気ではないんです。市の場合は『これは東京都がやることですから。市がうんぬん言えることではないので』という感じですし、都のほうは『これは決まったことですから』の一点張り。私たちとしては一緒に考えたいという気持ちでいるのですけど、彼らにはそういう気はまったくなく、中には非公式の場で、『あなたたちは反対しているけど、それは一部の人だけ。ほかの市民たちは、この計画で良いと思っています』と言う人もいました。

職員としては、自分たちは大衆の意思にしたがって仕事をしていると言いたいのでしょうけど、私たちは、あの豊かな林をつぶしてまで道路を作るべきだと多数の人が思っているとは、とても信じられませんでした。

それで、それなら住民投票ではっきりさせたいな、と思うようになったのです」

行政とのやりとりをめぐっては、面白いエピソードがある。住民投票の2週間前に、中央公園を会場にグリーンフェスティバルという市ほか主催の恒例イベントが開かれたときのことだ。そこに自然保護活動などをしている市民グループ「どんぐりの会」が参加したのだが、投票を呼びかけるチラシを自分たちのブースで配りたいと市に許可を求めたところ、「あなたたちのチラシでは一方的な主張になるから許可できない」と断られた。そこで会では、「では、住民投票を告知している市報を配ることにします」とチラシ配布をあきらめたのだが、なんと、「市報は受付で配りますから」と市報配布も禁じられてしまった。当日は、確かに受付に市報は積まれていたが、ただ置いてあるだけで、取っていく人はほとんどいなかったという。まるで、市側が少しでも投票率の上昇を抑えようとしていたと疑わせるような措置だ。

狛江の事例で見てきたことだが、行政職員にとっては、住民参加は決してありがたいものではない。

広聴のために仕事は増え、そのうえさらに、状況によってはすでに決定済みのことが揺らぐ面倒に直面する恐れもある。この住民投票のケースでいえば、職員にとっては、投票率は上がらず不成立となるのが望ましかっただろう。

事なかれ主義——と言っては失礼かもしれないが、そういうかたくななところが、市民には「話し合いの余地もない」と冷たい印象に映る。結果的にこの運動は法廷闘争にまで発展してしまったが、その発端は「市民の意見をまとめて、行政とともに考えていきたい」という市民の願いだったことは、今一度、確認しておきたい。

多数決に頼らない合意形成

さて、では、その市民同士のやり取りはどのようなものだったのだろうか。

住民投票という大きな取り組みにどのように踏み切ったのかが気になったが、水口の説明では、この一連の過程において会の中で多数決が行われたのは1度きりだったという。それも、「住民投票を検討するかしないか」という最初の1度きりだ。「検討するか」を決める多数決だったというところが興味深い。

住民投票について検討することが決まって以降は、すべて話し合いだけで会員の合意形成をはかった。住民投票を実現する大変さは誰でも容易に想像がつく。当初は、「条例づくりのために1カ月で3000筆もの署名を集めるなんて無理」という声が強かった。検討が始まったのは2012年5月のことだが、そこから「やろう」と決まるまでに5カ月間かかっている。水口は「運営委員会に集まってくるのはだいたい20人くらいなのですが、『無理、無理』という人が多かったので、何回も何回も話し合いました。こうしたらどうだろう、ここで頑張ろうよ、というふうに話していって、最後は『そこまで言うならやるしかないか』というふうにまとまっていきましたね」と振り返る。話し合いにこだわったのは、多数決だと不満が残るからだ。困難な取り組みとなるのがはっきりしていただけに、一人ひとりの納得を重視した。

そのような経過で運動体の核ができあがったというのが大きいのだろう。会員名簿をつくるわけでもなく、ゆるやかにつながっていったその活動は、みるみる参加者が増え、膨らんでいった。報道に後押しされたところもあるが、募金などは全国から集まり、その額は100万円ほどにも達した。運動が動き出してからかかわりを持った國分は「闘争型ではなく提案型の運動ということが共感を生んだ」と指摘する。

この住民投票については、運動としての盛り上がりとは別に、一つ、特筆すべきところがある。住民投票の設問を、「都道建設を続けるか・中止するか」ではなく、「住民参加で計画案を見直すか・計画見直しは必要ないか」としたところである。

建設のイエス・ノーであれば何が問われているかは分かりやすい。白黒の世界である。しかし、この住民投票で問うたのは、「計画案を見直すかどうか」であり、しかもそこに「住民参加で」行うことを条件づけた。多くのメディアがこの住民投票を「住民自治」の視点から取り上げたが、住民投票を実施するということよりも、この設問を立てたところにこそ、住民自治を実現しようとする姿の本質がある。

では、なぜこのような設問にしたのかというと、それは前述の通り、都道計画に対して、さまざまな意見が住民の間にあったからである。府中街道に統合するという意見もあれば、地下化のアイデアもあり、もちろん、建設自体を時代錯誤と否定する声もあった。そうしたことから、頭ごなしに「建設はダメ」とするのではなく、将来のまちづくりを住民みんなで考えていこうという設問にした。

この問いの設定は興味深い。彼らの意図は純粋なものだっただろうが、うがって見れば、単純なイエス・ノーよりも、態度保留の人、問題がよく分からないという人にとっては「住民参加で計画見直し」のほうに投票しやすいという面も持っているからだ。つまり、住民投票の実施にさえこぎつけられれば、かなりの確率で、「見直し」の意思表示を確定できる。運動団体側にそこまでの計算はなくても、住民投票自体を快く思わない議員たちは間違いなくそうした「票読み」をしたことだろう。

ここで、議員との交渉・かかわりという問題が生じる。この住民投票をめぐって忘れるわけにいかない大きな問題点がここにあるのだが、結論から言えば、このとき、並みの住民のレベルではとうてい太刀打ちできないテクニカルな議会運営が展開された。

「市民参加」を掲げた市長の打算

すべては、3月議会における住民投票条例の成立の場面から始まる。

このときの小平市議会には、住民投票条例にかかわるものとして、2つの事情があった。まず一つは、4月に市長選挙を控えていること。そしてもう一つは、議会基本条例の制定に向けた取り組みが本格化していたことである。

この2点を追う前に、市長と議員の都道に対する態度を説明しておく必要があるだろう。

まず市長だが、都議会議員3期を経て就任した小林正則は、ほかの自治体首長以上に都の計画事業に物申すことは避けたいはずだった。他自治体の事業に口出ししにくいのはどの首長も同じだろうが、小林の場合は、12年も都議を務めてきた経緯がある。市長として異議を申すなら都議時代の自身の働きを問われることにもなってしまう。小林は地方自治法に則って住民投票条例案の議案提出を行ったが、その際、

▼都の道路網整備に対して市が言及すべきでない

▼すでに法令に基づいて手続きが完了している

▼住民投票をしても法的拘束力がない

などを理由に、「市で住民投票を行なうことは都の広域的な視点での道路整備事業に支障を来しかねないことから、本案は適当ではない」という意見を付けて、否定的な立場を鮮明にしている。

だが一方で小林には、1期目から一貫して市民参加を政治理念に掲げてきたという事情もあった。1期目のときには、公約の自治基本条例を市民中心でつくるということも実現している。住民投票は、言うまでもなく、行政への市民参加の一手段である。それを真っ向から否定するわけにはいかない。か

といって、住民投票をすれば都に異議申し立てをする結果となる可能性が高く、非常に難しい立場に立っていた。

その難しさに輪をかけたのが、翌月に予定されていた市長選挙である。小林は出馬を表明しており、その対抗馬に市議会議員を4期務めてきた自民党のベテラン議員が出ることも分かっていた。このベテラン議員は、都道建設の容認派である。そして、住民投票は当初、この市長選挙との同日投票が期待されていた。同日投票が念頭に置かれたのは、同日であれば投票率も上がり、経費も少なくて済むからである。市の見積りでは、同日投票なら、費用はプラス約930万円（入場整理券などが必要な場合は別途780万円）。住民投票単独の場合は、約3500万円とされていた。

この同日投票は、小林としては具合が悪い。自身が勝つ場合、建設容認派のベテラン元議員が票を落とすわけだから、当然ながら住民投票の「計画見直し」の賛成票は反対票を上回る。これは、再選後に難題を抱えることを意味する。

となれば、「計画見直しは必要ない」という票が増えてほしいところだが、それはつまり、建設を容認する市民の投票になり、対立候補の獲得票につながる。

したがって、小林としては、議会が住民投票条例を否決してくれるのが一番望ましかっただろう。議会が否決してくれれば、自身は市民の声を聞くというスタンスを保持したまま、堂々と市長選挙を戦うことができる。

公明党のジレンマと市議会の判断

ここで議員の話になってくるわけだが、この件でキャスティングボートを握ったのは公明党だった。

公明党の基本的なスタンスは、この都道建設については推進派である。後の改正案審議のときの発言ではあるが、公明党議員ははっきりと「例えば40年、50年前に計画された道路であろうとも、着々と実施すべきと考えます。その点からいえば、道路を推進する立場であります」と態度を表明している。

しかし同時に、「草の根民主主義の開花と地方主権の確立」を綱領に掲げる党としては、住民の意思を表明する機会を奪うわけにもいかない。まして小平では、「開かれた議会」を目指し、公明党が中心になって議会基本条例づくりに取り組んでいる最中でもあった。前述の発言には、「しかし、今回の住民投票条例に対しては、道路建設の是非とは一線を画し、所定の民主主義のプロセスを段階的に推し進めてきた住民の運動に対して、一定の評価をするべきとも思います」という続きがある。

こうしたジレンマによって、公明党6議席は結局、採決の場を退席することを選ぶ。これによって、票のバランスが変わった。

ただし、こう書くと、採決のぎりぎりの場で票が動いたというふうに思われるだろうが、それは必ずしも正しくはない。議会の政治判断は、住民投票条例案が議会に提案された段階ですでに行なわれていた。

2013年度3月定例会4日目の3月1日に議案に上がった「住民投票条例案」は、すぐに住民投票条例特別委員会に送られることが決まる。これは通常の議案であればごく当然の措置なのだが、この住民投票条例案に限っては事情が違っていた。議案に盛り込まれた投票の実施日は条例制定後、40日以内。この日程は、議案提出される3月1日の本会議で即決されることを前提としている。これがかなえば、4月7日の市長選挙と同時に実施できるからだ。逆に言うと、3月1日に即決されないと、市長選挙との同時開催は実現しないことになる。

このときに即決が見送られた背景には、議会として市長選挙との同日投票を避けようという方向性があった。それは後に議場で「当初考えられていた市長選挙との同日投票が、政治的判断によって単独の投票となりました」と発言する議員がいたことからも垣間見られる。

もちろん、議案を精査する必要があったのも事実である。市民から提案されたこの住民投票条例案には、現実的な問題として、

▼市長選挙を控える中で、急に持ち上がった住民投票の準備を40日以内という日程でこなせるのか

▼市長選挙と同時に実施する場合、住民投票にかかわる運動と市長選挙における運動の境目が分かりにくくなる。住民投票にかかわる運動が公職選挙法違反に抵触するケースも出るのではないか

▼投票率等による成立要件が必要ではないか

▼そもそも条文として適切か

といった課題を抱えていた。そのため委員会で時間をかけて審議をするということになったわけだが、これ自体は、むしろ議会が果たすべき役割をきちんと行なっていると評価することもできるだろう。

問題は、その先である。

3月6日の住民投票条例特別委員会の審議を受け、3月27日の本会議で小平市議会は、一点だけ修正を加えて住民投票条例案を可決した。ここで行われた修正は、投票日を条例施行後の「40日以内」から「60日以内」に変えるというものである。これは、40日以内では日程的に準備が難しいこと、とはいえ事業申請が夏に予定されているという事情から住民投票を行なうならばなるべく早く実施する必要があること、さらに、6月23日に都議会議員選挙が控えており、こちらも運動の境目がつかないという観点から同日投票は望ましくない——といった事情により、60日に決したものだった。そして、それ以外の項目については「この内容を踏まえて7000人以上の方々が直接請求の署名をなさっているということを踏まえれば、この文面については最大限尊重すべき」という判断から、修正を控えている。

投票率50%の高いハードル

もちろん、この結論に至るまでには、前述の課題についてさまざまに議論されている。特に、人選を行なう選挙とは違う住民投票という性格から、成立要件について活発な意見が交わされた。主には、投票率が著しく低いときにそれを民意とみなしていいのかという問題で、他自治体の例を引き合いに、「一般論として、常設型の住民投票条例を持っているところでは、投票資格の2分の1以上の投票と定めている自治体が多いようであるが、3分の1以上という例もある」（委員会から議会への報告より）などと、一定の成立要件を設けるべきではないかという議論が行なわれた。

この一連の議論においては、「住民の意思を反映させる会」に事務所の使用を一部提供している橋本久雄議員（無所属）の発言が興味深い。要約すると以下のような発言になる。

「成立要件で最低投票率を設定する条例が多いといいますが、これは市町村合併の是非を問う場合に、2分の1（＝投票率50％）などの条件をつけているケースが大半です。

しかし、今回は、住民発意の直接請求による住民投票です。直接請求の住民投票はハードルが高く、成立率自体、1979年から2009年までの30年間のデータで、16・24％しかありません。議会が否決してしまうからです。多摩地域でも、三鷹市の東京外郭環状道路、東村山市の駅前高層マンションとごみ処理施設、小金井市の庁舎移転、国立市の住基ネットなどに対して住民から住民投票が直接請求されましたが、議会が否決しています。

過去に行なわれた住民発意による住民投票は、全国で10件しかありません。そしてそれらでは、成立要件として投票率の最低ラインが設けられた例はありません」

住民投票条例が採択されるうえで、こうした意見が出されていたことを見落としてはならない。直接請求による住民投票では成立要件が課されたケースはないと確認し、さらに、住民作成の条例を「最大限尊重すべき」という認識から、意識的に成立要件を設けずに採択したことがはっきりするからだ。

にも関わらず、そのわずか1カ月後に、3期目に入った同じ市長、同じ議員によって投票率50％という極めてハードルの高い成立要件が課された。早い話、議会は何も、条例の不備を見落としていたわけではない。そこに作為がなかったと誰に言えるだろうか。

究極の後出しじゃんけん

市長・議会が成立要件を設けることを正当と確信しているなら、それは3月議会の最初の策定時に行っておかなければならないことだ。3月にそのような条件が付けられたなら、市民から不満は出るにせよ、後に開票を求めて訴訟に発展するような、そこまで尾を引く問題にはならなかったはずだ。しかし3月議会は投票日の日程修正だけで可決をし、1カ月後の臨時会において投票率50％未満なら不成立という厳しい条件を設ける。ここには、少しでも市長選挙を有利に戦おうとする市長・与党の思惑が透けて見える。水口は「こんなことになると分かっていたら小林市長には投票しなかったとみんな言っています」とメンバーの怒りを代弁する。ここで言う「みんな」が条例の直接請求のために署名した有権者7593人を意味するのなら、そのインパクトは大きい。

一体、この流れは、どの時点で決まっていたのだろうか。やはり、即決を避けた、3月議会冒頭の段階だろうか。

市民サイドに立つと、同情を禁じ得ない場面が後にあった。9月の総務委員会で水口自らが「不成立となり、小平市として信頼性ある投票結果を都に伝えることができないとしても、5万1010人が投票に参加し、約3000万円もの税金を使って行われた住民投票の結果は市民にとって大きな財産であり、それを明らかにすることが自治と市民参加への第一歩になる」と訴えたところ、議員の一人が驚くような発言をした。

「『3000万円もの税金を使ってそれを無駄にしたら』という話がありましたが、小平市が直接権限を有しない東京都の事業に対して血税を使ったことに、それ自体が無駄遣いという指摘がある」

これはあまりにも住民にとって理不尽だろう。彼らが最初に意図したのは市長選挙との同日投票である。それであれば費用はさしてかからない。そこを議会側が修正しておきながら、後になって「そもそも無駄な住民投票」と責めるのは厳しすぎる。第一、正当な手続きを経て議会が議決した住民投票であり、運動メンバーが市に損失を与えたわけではない。

話を戻して、成立要件について少し考えてみよう。住民投票においては、成立要件を設けることが必要だという意見は少なくない。人選をする首長や議員選挙と異なり、基本的にイエス・ノーを問う住民投票では、反対票をわざわざ投じに行く理由がないからだ。したがって、成立要件を設けることで賛成票の効力を担保するというのは、もっともな意見ではある。

だが、小平のこのケースでは、なぜか50%という厳しい成立要件が課せられた。修正案に賛成していながら、後に公式の議会や委員会で「本当に50%でよかったのだろうか」という趣旨の発言をしている議員もいるほどだから、50％の根拠があいまいなのは明らかだ。

ちなみに住民投票に関しては、國分が『来るべき民主主義』の中で、千葉県我孫子市の住民投票条例を推奨している。賛成・反対のどちらか一方の選択肢が総有権者数の三分の一を超えていたらその結果を尊重するというものだ。仮にこの規定を小平の都道問題に適用した場合、投票のほぼ全てが賛成票であれば住民投票が有効性を持つことになる。そう考えると、未開票のままとなっているこの投票結果が持つ意味は大きい。と同時に、投票率50％の成立要件がいかに重いものかもよく分かる。

「投票率50％」というのがほぼ不可能だということは、昨今の選挙を眺め見れば一目瞭然だ。小平市のここ数年の市長選挙、市議会議員選挙の投票率は、2013年市長選挙＝37・28％、2011年市議会議員選挙＝44・54％、2009年市長選挙＝39・31％、というもの。市民の間からは「37％だった市長選挙の有効性はどうなんだ？」「究極の後出しじゃんけんだ」といった批判が渦巻いたが、それも無理はない。直前に不条理なハードルを設けられるという厳しい状況の中で、絶望することなく市長選挙に迫る35・17％の投票率を得た住民投票は、住民が成し遂げた大きな成果として大いに評価できるものだろう。

行政と一体化する市議

それにしても、住民運動がこのように起こっても、議会の側がそれをコントロールしてしまうことをどう考えればいいのだろうか。野放途になんでも市民参加を許せば、それは確かに、一部の行政で混乱する恐れも出てくるだろう。この都道建設も、投票率が50％を超え、住民の圧倒的多数が「住民参加により計画を見直す」意思表示をしたなら、市政、都政への影響は大きかった。

そのような事態を恐れるからこそ、狛江の矢野元市長が指摘するように、自治体職員は情報公開に慎重になる。議員の側にも、とりわけ与党議員には、市政を動かしているのは自分たちだという意識から、職員と同様の感覚が生じがちとなる。個人的な体験だが、まさに小平市が２００９年に市民参加で自治基本条例を作った際、私は地域紙の１面で「さらばお任せ民主主義」という見出しを付けて報じたことがある。これに対して、直接のクレームではなかったが、自身のブログ上に「ここまで書かれたら黙っていられない。我々は市民から４年の負託を受けている」と書いた議員がいた。

彼らの感覚としては、中途半端な市民参加はその一部分だけを取り出しての要望・抗議と受け取れるのだろう。事実、住民投票条例をめぐる小平市議会の議論においても、条例に反対する議員からこんな発言も飛び出している。

「住民の意思をストレートに政治に反映させるという直接民主主義のもとにおいては、そこで示される民意を反映することが真の民主政治だと考えがちであります。しかし、民意というものは多種多様な利害が伴うものであり、それが常に正しい判断とは言い切れないのではないでしょうか。（中略）住民投票の動向は、一時の情熱や偶然的要素に左右され、政策的に一貫性を欠いた、予想外の結論を招くことがあるとも言われていますし、住民投票の結果に責任を持つ者は誰も存在しないのです」

それなら議員に任せておけば、政策的に常に一貫性があり、その責任をきちんと取ってくれるのか、とでも突っ込みたくなる発言ではあるが、このように言いたくなる気持ちは分からなくもない。政策を決めていくには、自治体の歴史や方向性、総合計画をはじめとした各種の計画、財政状況、国の動向や近隣市との関係などを多角的にとらえておく必要がある。しかしそれらを一市民が把握するのは、簡単なことではない。学ぶ機会はほとんどなく、地域情報を扱うメディアも乏しい。

このような状況の中で、市民の意見というのは、実質、局所的な要望や批判に偏りがちになる。全体を見ながらの建設的な要望・批判ではない以上、行政としては、市民と一緒に一から作り上げていくというスタンスを取ることは難しい。その結果、市民参加をうたいはするものの、「議員や職員が市民の意見を聞き、そのうえで総合判断をしていく」という形に落ち着いていく。何のことはない、いくら市民参加の機会が増えたところで、最終の決定権が議員・職員の手に委ねられている限り、本質的な進展はないということだ。

「市民はどうせすぐ忘れる」

結局、原点に返るような話だが、真の市民参加を進めていくには、市民自らが日ごろから市政に目を向けていくしかない。日ごろから市政を見ていけば、市が直面している課題が分かってくるし、議員一人ひとりのスタンスや個性もつかめてくる。その判断をまずは選挙で生かすことから始めるしかない。

個別のケースでいえば、東久留米にせよ小平にせよ、予算専決に対し誰が承認し誰が承認しなかったのか、住民投票条例の修正に誰がどう賛否をしたのか、などを市民はきちんと覚えておかなければいけない。そういうことを全部忘れ（というよりも、最初から知らず）、選挙の場面でだけ、その美辞麗句に「なんとなくこの人が良さそう」「この人のこと知っている」「この党なら、まあいいだろう」というレベルで投票してしまうから、いつまでも政治は遠い存在のままなのだ。

先にも書いたが、自分の一票がより重みを持つ地方選挙で真剣にならない人が、どうして国政選挙で適切な投票行動ができるのだろうか。

小平の住民投票後には、一時期、市長をリコールしようという声もあったと聞く。しかし、有権者の3分の1以上の署名というハードルの高さに、その声は消えていった。もしこのまま何事もなかったように市長も議員も任期を終え、次の選挙で当選していくのならば、あの住民投票は何だったのかという話になる。だが、住民投票から1年以上たち、その熱気は確実に薄れている。

誤解のないように申し添えておくが、私は今の市長・議員たちが辞めるべきだと言っているわけではない。一度決まった住民投票条例に対して、1カ月後に投票率50％の成立要件を加えるという荒業を用いた市長・議会だが、それを評価するのは市民だ。そのことを是とするならば構わないが、異議を唱えたいのならば、相応の行動を市民側がする必要がある。さらなる市民運動は難しくても、いずれ選挙は必ず訪れる。そのときに意思表示すること。それができないのならば、住民参加を行政に求める資格など最初からなかったということになる。

結局のところ、成熟した市政、本当の市民参加のまちづくりを行うには、その積み重ねしかない。運動だけがわっと盛り上がり、その収束とともにすべてが忘れられていくような市民参加は最悪だ。「どうせ市民は忘れる」と思われれば、行政はその一時期だけ低姿勢を見せ、「台風」が通り過ぎるのを待つことになる。

一つ、思い出す事例がある。東久留米、小平に隣接する西東京市で市長や特別職の報酬が上がったときの例だ。

2005年の市長選挙に民主党から改革を訴える形で出馬した坂口光治は、就任後、「報酬の見直し」を打ち出し、報酬審議会を立ち上げる。当然「見直し」は減額を意味するものと思われたが、驚くことに、審議会は他市とのバランスを取るために賃上げするべきという答申を出した。馬場のイオン問題でもそうだが、「見直し」という言葉は実にやっかいだ。この報酬増は田原総一朗の司会でおなじみだったテレビ朝日系列「サンデープロジェクト」で否定的に取り上げられたことなどもあり、市民の大半が知るところとなった。反対運動の団体が新たに立ち上がり、約20万人の市で、1万3000筆以上の署名も集まった。が、その問題が起こった1年後の市長選挙では、37・19%という低い投票率のなか、対立候補に4237票差をつけて坂口は再選している。もちろん対立候補の関係もあり一概には言えないが、こういうことが繰り返されている限りは、「市民はどうせすぐ忘れる」と政治家・行政に高をくくられても仕方ないだろう。

市民負担に納得するために

なぜこのように批判的に言うのかというと、私には「市民の負担が増えるなかで行政への全権委任でいいのか」という問題意識があるからだ。

財政難に直面するなか、どの自治体でも、市民負担は増加し、サービスの削減が行なわれている。【三章】での東久留米の宮川議員のコメントを振り返ってみてほしい。東久留米では、通年予算が成立しないという状況のなかで、国民健康保険料や下水道料金などの値上げはしっかりと可決されている。市民はそれで構わないのだろうか。経済的な余裕があって、「多少の負担増など気にならない」という人なら行政任せでも良いのだろうが、少しでも自分の納税分のより良い活用を望むなら、厳しい目で行政を見ていかなければいけない。そうしないと、納得がいかなくなるからだ。

東久留米の宮川議員、野島議員、佐藤一郎議員（みんなの党）と話していたとき、ひょんなことから、2014年4月22日にテレビ放映されたNHK「クローズアップ現代」の「〝独立〟する富裕層〜アメリカ　深まる社会の分断〜」という回の話題になった。番組で取り上げられていたのは、アメリカ・ジョージア州で2005年に誕生したサンディ・スプリングス市。それは、それまで属していた自治体から分離してできた富裕層による市だった。人口約9万4000人の同市は、医師や弁護士などが多く住む高級住宅地から成り、市民の平均年収は約1000万円にのぼる。新市誕生の際には住民投票で94%もの賛成票を獲得しているが、その背景にあったのは、「納めた税金が貧困層に多く配分され、自分たちにきちんと還元されていない」という富裕層の不公平感だった。市が誕生して以降は、特に救急や安全対策に税金を投入し、その公共サービスには市民の9割が満足している、という。

こうした動きは富裕層を中心にアメリカ全土で広まっており、番組では、30以上の自治体が誕生する見込みを伝えていた。

当然ではあるが、この富裕層の町の誕生の一方には、貧困層の町が存在することになる。サンディ・スプリングス市の「独立」によって年間約40億円の税収が減った元の自治体は、ごみ収集車の出動回数が大幅に減り、図書館の開館時間も短くなった。さらに、高齢者センターの食事代の一部値上げや公立病院の予算削減など、命にかかわる分野での影響も出ている。

この実情を伝えた番組のなかで語られたことの一つは、「契約社会」ということだった。自治体の業務の守備範囲をどう設定するかという問題になるが、いわゆる「小さな政府」を推し進めた場合、民間委託が多くの分野で適用され、税金でサービスを買うという面が強くなる。民間委託は税の支出を抑えるという点では有効な手段であるが、不採算分野がカットされていく恐れもはらんでいる。番組で具体的に語られていたものの一つに教育ビジネスがあったが、教育の民間サービスを国が進めてきたことにより、いま、貧困のため公教育を受けられない子どもが全米各地の都市に溢れているという。

決定過程での市民参加を

この流れは日本も他人事ではない。民間委託はどんどん進み、個人の経済格差も広がっている。少子高齢化はますます進み、1970年代に造られた多くの公共施設は老朽化が深刻化している。財政危機に直面したとき、何らかの切り捨てが行なわれる可能性は十分にある。

民間委託がダメというわけではない。運営コストの観点を離れても、市場で鍛えられたノウハウや感性、発想などが公共施設に持ち込まれるメリットは大きく、民間委託になってサービスが向上したという例は多い。ただ、やはりそれは、分野を選ぶものだろう。東久留米の予算専決処分の場面では図書館の民間委託が一つの争点となっていたが、図書館の民間委託をめぐっては、思い出すことがある。住まいの2階を開放し、地域で文庫活動をしている男性に取材したときのことだ。彼は25年ほど市の図書館に勤めた経験があり、図書館、文庫の両方を知る立場から、文庫活動を続ける理由をこう語った。

「かつての文庫は子どもたちに読書の場を提供するという役割がありましたが、どこの町にも図書館が充実した今は、その面の役割はほぼ終えています。では、今は文庫が要らないかといえばそうではありません。新しい役割が求められていて、それは、子どもたちの居場所になるということです。

以前の図書館はゆったりした雰囲気があって、図書館員と子どもたちとの交流も盛んにありました。本を媒介に、いろいろな話ができたんです。確かに今もお話会などがいろいろ企画はされてますが、本の貸し出しはＩＴ化され、館によっては図書館員とまったく接しなくても本が借りられるシステムになっています。まして民間委託の図書館ともなれば、職員も若く、子どもたちの相談に乗れるような雰囲気に乏しい。

そういう時代だからこそ、町中の文庫は、家以外でグチをこぼせる場所として、新しい役割を担うようになってきているのだと思っています」

もちろん、この意見がすべて正しいとは言わない。民営図書館になったことで市民とのコミュニケーションが以前よりも盛んになったところもあるだろう。来館者が増えている例もある。ただ、懸念されることとして、民営化されればより事務的になり、利用者（市民）と施設との関係が変わるということは挙げられる。また、そもそも教育や文化をめぐっては、採算を前提にする民営化はそぐわないという意見も根強い。

そこに正解はない。本当に税金を投入すべき事業は何なのか。カットできる事業は何だろうか。どこまでが自治体の責務で、どこからは民間委託で良いのか。自治体の役割は何なのか――。そのどこに線を引くかを決めることこそが、住民自治であり、政治だ。経済的に余裕があり拡大していく社会なら人任せもいいだろうが、厳しく線引きしていく作業――すなわちルール作り――から、市民一人ひとりが参加していかなければ、必ず最後に不満が募ることになる。

使える「ルート」を増やす

こうなると、結局結論としては、「市民参加が大事だ」ということになるのだが、ここまで見てきたように、現状は市民参加云々のずっと手前にいる。要するに、「無関心」の問題をクリアできないわけだ。

ここをどう突破するかがポイントになるが、その答えのヒントになりそうなものを提示してくれたのは、先にもコメントを引用した國分功一郎だった。『スピノザの方法』（みすず書房）など多数の著者があり、メディアでの出演も多い國分については説明不要だろうが、國分は件の雑木林のそばに住み、そこを散歩場所としていたことなどから、小平での住民投票運動にかかわっている。私は國分が運動を通して住民と行政の関係をどのように見ていたのかに興味がありインタビューを申し込んだのだが、彼は意外にも、東久留米の一連の出来事についてもコメントをしてくれた。

馬場市政について説明したときに國分から最初に返ってきた言葉は、「市民にはできることはなにもなかったでしょうね」というものだった。

「小平の住民投票が大変ながらもやりやすかったのは、シングルイシュー（単独の課題）だったからです。東久留米のその例だと、ちょっと運動には発展しにくいですよね。

多くの人が『これはおかしい』と思っていたのでしょうが、公約違反があったにせよ悪徳市長ではなさそうだし、そうするとリコールというのも変な感じがします。市長と議会が仲良くやってくださいねという運動はやりようがないですしね。

市長と議会の関係というのは監視し合うのが理想だと言いますけど、本気で監視し合うとうまくいかなくなるという皮肉な例だと思います。その状況で市民にできたことといえば、強いて言えば、議員に働きかけていくことぐらいでしょうね」

議員への働きかけも、中間団体を使えば効果的だっただろうと指摘する。

「ＰＴＡや町内会などを通じて議員に働きかければ、議員側も無視しにくいという面があります。ただ、昨今は、グローバル化の効果で個人と世界、個人と社会がつながりやすくなっていて、中間団体自体が力を失ってきているという問題がありますが」

中間団体の弱体化については、ＩＴ化による影響も大きいだろう。地域社会の観点でいえば、高齢化や共働き家庭の増加なども一因に挙げられるかもしれない。

ともあれ、市長と議会が対立したときに市民の打てる手がないとするなら、市民は傍観しているよりないのだろうか。

それに対して國分は「市民参加のルートを増やすことが必要だ」と指摘する。

「そういった問題が生じたときに、『みんなで声を挙げていくべきだ』なんて抽象論を言っても仕方ないと思います。

大事なのは、使える制度を増やしていくことです。こういう状況ならこれが使えるというルートが現状ではあまりにも足りません。たとえば住民投票もその一つですし、審議会のやり方なども変えていけばいいのだと思います。

イギリスではコミッショナー制度といって、官僚が選んだ委員と民間から選出された委員が同数で審議を行うのですが、このやり方なら、市民の側からＮＰＯ関係者や専門家などを送り込ませられます。つまり、専門的な議論で負けなくなるんです。

こういう制度変更ならすぐに導入できるはずです。ぼくは基本的に、変えるというよりは、足していく発想をしていきたいと思っています」

國分はこのほかにも、効果的な市民参加の形として「行政・住民参加型のワークショップ」の導入なども著書『来るべき民主主義』の中で提言している。

不安なとき、誰かと話せること

ただ、そうした制度をいくら充実させても、そもそも市民が市政に関心を持たなければ、絵に描いた餅ではないだろうか。

実は一連の取材の中で、「どうすれば、こうした事態を避けられたのか」を聞いて回ったところ、私としてははっとさせられる意見に出会った。東久留米の「オンブズマン」のメンバーの一人が語った、「市民生活に影響が出たほうがよかったのだ」という言葉である。

「当初予算の否決のたびに暫定予算を通していったのだけど、本当は、そんなことをせずに、市役所が閉まるとか、ごみ収集車が来ないといった影響が出れば良かったんですよ。そうすればみんな、これは大変だぞと気づくのだから」

これを聞いたときにすぐに思ったのは、2013年10月のアメリカ議会の報道だった。このときオバマ大統領が進めようとする医療保険制度改革（オバマケア）に対して野党・共和党が反発し、新年度予算が成立しないという事態が生じている。そしてそれにより、国立公園や博物館ほか一部の政府機関が約2週間閉鎖している。この一連の経過は、議会と市民生活がダイレクトにつながっていることを改めて確認させた。もし東久留米でも市長と議会の対立によって市民生活に深刻な影響が出ていたなら、確かに市民は、本気で市政のことを考えるようになったかもしれない。

なかなか過激な意見だとの認識はあったが、あえて國分にぶつけてみた。彼から返ってきたのは、それとは一線を画すものだった。

「デリケートな問題ですよね……。オンブズマンの方がそう言いたくなる気持ちはよく分かります。しかしぼくは、危機が深まったほうがみんなが立ち上がるという考え方には賛同できません。それは昔の革命理論と同じで、最悪の結果をもたらすことになってしまう。歴史の教訓です。

そのときは、みんなわーっと盛り上がるかもしれません。でも、それが元に戻ったら終わりです。考え方自体は変わっていないのですから。

大事なことは、みんなの考えが深まることです。ぼくたちは小平で住民投票運動をしましたが、それは闘争ではありませんでした。みんなで考えようという姿勢で活動しましたし、それが良かったのだと思っています」

なるほど、確かに一瞬だけ盛り上がる運動では意味がない。

とはいえ、何も起こらなければ市民が住民自治に関心を示すことなどないというのも事実だ。自然発生的に声が上がることはない、かといって危機をあおるのも危険……となれば、いよいよ何も打つ手はないように思われる。

「どうすれば市民の自治への参加を促せるのでしょうね。結局、誰かが声を挙げることに期待するしかないのでしょうか」

私はそう國分に話を振った。返ってきた答えは、國分の知的でスマートなイメージからするとちょっと意外なものだった。

「なんだかんだいって、顔の見えるつながりというのが重要なんですよね……」

ぽつりとつぶやいてから、解説をするように早口に言葉を続けた。

「ぼくも以前は、インターネットで人を集めて何かできる、とか言っていました。でも、やっぱりこうやって運動にかかわったりすると、もともとの知り合いとか友達というのは大切だと改めて思います。そういうつながりが、手がかりになっていきますから。

それに、何かに不安を感じたときなどに、誰かと話せるということが重要なんですね。

道路問題にかかわったから、ぼくのことを市民派のように見る人が多いのですが、ぜんぜんそんなことはなくて、むしろぼくはそういう運動的な活動から距離を置いてきたわけです。はっきり言ってそういう運動は嫌いだったし、今でもアレルギーがあります。

でも、道路問題は自分の目の前で起きて、この林がなくなったらいやだなと本当に思ったからかかわることになったんです。それに、何かできるかもしれないとも思えましたし。

国政の……、たとえば集団的自衛権の解釈云々なんて、ぼくなんかが騒いだってどうにもできないじゃないですか。でも、この道路問題では、何かできるかもしれないと希望にかける気持ちが出たんです。

しかし、希望を持つというのは実は恐ろしいことなんですね。関心を持ったり希望を持ったりすると、結局だめだったときに『首を突っ込まなければよかった』『どうして変えられないんだ』と打ちのめされるわけじゃないですか。どうせそうなるなら、最初から関心も希望も持たないほうが楽なんです。

ぼくが研究しているスピノザが言っています。

『恐怖なき希望はないし、希望なき恐怖はない』と。

希望というのは、不確かな未来に期待を持つことなんです。そこには不安がある。そうすると逆に、不安を感じることになるから希望を持ちたくない、という人が出てくるんです。

ぼく自身、そういうところがありました。でも、この道路については、譲れない問題だと思ったし、希望を持ったわけです。ですから当然、活動する中ではある程度、不安と付き合っていくことになる。そういうときに、昔の革命運動みたいに、迷いもせずに将来の目標に向かっていくような人間をつくってしまってはいけないんですよ。そこで、『ちょっと不安なんだよ』と誰かに言えることが大切なんです」

この発言には、多くの人が共感して聞くはずだ。私たちはあの、2009年8月の政権交代を経験したのだから。あのとき多くの国民が「期待」を持って民主党に一票を投じた。同時にそれは、「民主党で大丈夫だろうか」という「不安」も伴っていた。そしてその期待が裏切られ、不安のほうが高まっていくうちに、少なくない人々がこう考えていった。政治なんてどうせ変わらない。最初から期待しなきゃよかった、と。

　投票率がそれを物語っている。２００９年8月の衆議院選挙の投票率は69・28％だが、翌２０１０年7月の参議院選挙は57・92％、２０１２年12月衆議院選挙は59・32％、２０１３年7月参議院選挙は52・61％。そして２０１４年12月衆議院選挙は衆議院として戦後最低の52・66％にまでなった。期待の後、人々が国政に冷めていったのが読み取れる。

　それでも期待し、希望を持たなければ、物事は前には進まない。では、期待や希望を持ち続けるためには何が必要なのだろうか。

　そのヒントが、最初の「顔の見えるつながり」、あるいは「『ちょっと不安なんだよ』と誰かに言えること」になる。

　國分がその言葉を口にしたのは偶然だったのか、それともその取り組みを知っていてのことかは分からない。いずれにせよ、実は現在、都道建設予定地の辺りから西側を舞台に、小平で「１００メートル四方で顔の見える関係」をつくろうという取り組みが行なわれている。最後に、この取り組みについて紹介したい。

「地域ネットワーク」の取り組み

　この活動が都道問題と重なる小平西部なのは、単なる偶然にすぎない。というのも、そのエリアでコミュニティ創成の取り組みが盛んに行なわれているのは、同地にキャンパスを置く白梅学園大学・

短期大学が呼びかけ人として中心になっていることによるからだ。

この取り組みは「小平西地区地域ネットワーク」（以下、西ネット）という正式名称で、２０１２年３月１７日に発足した。現在では、小平西部をさらに4分割し、各ブロックに分かれて、それぞれに独自の活動を行なっている。対象とするのは、エリア内の全住民。いわば世話人のような格好で、町内会、ＮＰＯ、ボランティア団体、民生委員、学校関係者、白梅学園大学関係者（学生）、有志個人、行政職員といった面々がその中心を担っている。活動としては講演会や医療講座、シンポジウム、懇談会、バザーなどのイベント開催や、地域のまつりへの参加など。これらによって地域の人々の交流を促している。

たとえば、そのイベントの一例だが、白梅学園大学学長の汐見稔幸の講演会を定員約30人の地域センターで開催したこともある。汐見は、『子育てにとても大切な27のヒント』（双葉社）などの著書も多数あり、子育て分野では全国的な知名度を持つ学者である。通常であれば、桁の異なる３００人超の会場で集客できる講師だ。しかしあえてエリア内の地域センター・公民館でしか宣伝をせず、地元住民が肩を並べるというシチュエーションを作った。

また、私自身も取材で訪ねたことのあるイベントの一つに、子どもとその保護者を対象にした「地域センターで親子であそぼ〜！」というものもあった。これは、地域センターの和室を会場に、子どもたちが自由に集まり、遊んでいくというもの。和室には、玩具で自由に遊べるスペースや大学生によるゲームコーナーなどが設けられ、世代間交流が促される仕組みがされていた。約３時間の開催の

小平西地区地域ネットワークの「親子であそぼ〜!」

途中には、地域のボランティアによる絵本読み聞かせなどの出し物もあった。

ちなみに、その日、参加していたのは子どもたちが30人ほど。0歳児から小学校の中学年までと年齢層は幅広く、乳幼児を抱える母親たちの姿も目立った。母親たち数人に話を聞いたが、それぞれの面識はなく、チラシでこのイベントを知ったと語っていた。各人の地域交流についても聞いたが、傾向としてはっきり言えるのは、子どもが保育園に入ると知人が増えるが、子どもを介さなければ地域との縁を持たないということだった。0歳児を抱えていた一人の女性はこう言っていた。

「結婚して小平に引っ越してきました。出産の少し前まで都心に働きに出ていたので、地域のことをまったく知らなくて困っています。病院も知らないし、どこのスーパーマーケットが安いかも分からず、情報が得られなくて戸惑うことが多いです」

こういう女性は珍しくない。それでも社交性のある人なら地域にすっと入っていくが、内気な人やきっかけをつかめずにいる人は、地域の中で孤立していくことになる。母親の孤立は、育児に悪影響をもたらす。最悪は虐待だが、これは母親個人の資質に問題があるのではなく、一対一が継続するという関係性によって生じる悲劇だ。高齢者に対してや介護においての虐待も同じ構図で説明される。出掛けて息抜きができる、ちょっと視点を変えられる、愚痴をこぼせる――といった、普段は意識しないような些細なことが、実は日常では非常に大きな意義を持っている。

そうした点でも、気軽なイベントから交流を広げようという企画が意味を持つわけだが、そこには、不定期なイベントだけでなく、常に人々を受け入れる交流の場があったほうが望ましい。そこで注目されるのが、市民の集いの場となるコミュニティ・サロンの設置だ。コミュニティ・サロンとは地域に開放された施設として、誰でも自由に出入りできる場所のこと。多くの場合、行政による公民館と違って自主運営のため、自由度が高く、気軽に集まりやすい面がある。

木造アパートで生まれるソーシャル・キャピタル

「西ネット」で第一号となるコミュニティ・サロン「ほっとスペースさつき」が開設されたのは、「西ネット」発足からちょうど1年後となる2013年2月末。白梅学園大学からもほど近い、鷹の街道に面した築約40年の木造アパートの1階に作られた。「作られた」と言っても、建築上はほとんど何も行なわれていない。所有者の厚意により、空いていた街道側の角部屋が提供され、既存の部屋をそのまま利用する格好で地域に開放されている。

そのため、「さつき」には、個人宅を訪ねるような感覚がある。そして面白いことに、それがかえって好評だという。

玄関から靴を脱いで部屋に上がる。入ってすぐは4畳半のダイニング、右側にキッチン。ダイニングの奥には6畳の畳敷きの和室。古い造りのアパートで、使い込まれた感じがあり、それが何とも言えず、のんびりした雰囲気を醸す。初めて訪ねてきて、「田舎の祖父母の家に来たようだ」と口にする人は珍しくない。

この決して広いとは言えないスペースに、平均で1日11人が集う。多いときは20人超。開所からの丸1年で、のべ約1200人が訪れた。これまでの来所者は、下は6カ月の乳児から上は95歳までと幅広い。開所日はボランティアの人員確保の課題などから、火・木曜日の週に2日のみ。平日の日中ということもあり、訪問者はシニア世代が過半数を占める。それでも、放課後に児童が訪ねてきたり、精神疾患のある人が話し相手を求めて参加してくるケースも見られる。決して、シニアだけの交流の場ではなく、当事者たちもここを世代間交流の場と強く意識している。

「さつき」が開設された経緯としては、地域の意向と「西ネット」の取り組みがタイミング良く合致したことが大きい。地域の中に交流拠点の必要性が高まっていたなか、「西ネット」が動き始めたことで、両者の力が一つに結集した。

ただし、ここで「タイミング良く」とさらりと流してしまっては、少々語弊がある。「西ネット」の正式な発足は2012年3月。1年前には、言うまでもないが、東日本大震災があった。これを受けて、より、人々のつながりが重要視されていく。学園と地域住民、さらには行政が一つになっていったのには、そうした社会的背景があったことを忘れてはなるまい。ここに至るまでの経緯を、大学側、住民側の2つに分けて、順を追って整理していこう。

まず学園のほうだが、大前提として確認しておきたいのは、白梅学園大学・短期大学が、主に幼児・児童教育を特色としている点だ。その特色を生かし、2004年度から「子育て支援ネットワークづくり」に関する調査研究を実施。その後、さらに発展させ、ソーシャル・キャピタルの面から小平における人と人とのつながりについて調査を行なった。ソーシャル・キャピタルは一般に「社会関係資本」などと訳される言葉で、その減退の問題提起をしたアメリカの政治学者ロバート・パットナムの定義によれば、「調整された諸活動を活発にすることによって社会の効率性を改善できる、信頼、規範、ネットワークといった社会組織の特徴」となる。少々ややこしいが、調査に当たった学園では、教育の視点から「人間の正常な発達を支える資源（＝人間発達資源）」という考え方も意識したという。その観点から人と人とのつながりの意義を捉えたと見れば、理解しやすい。

さて、この調査は品川区でも実施されている。小平と品川を調査対象としたのは、地域ネットワークとソーシャル・キャピタルの関係を探るという目的があったためだ。これには、両者の公立校の運営における差異が関係している。品川は都内の他自治体に先駆けて学区域の弾力化をはかり、学校選択制を実施したことで知られるが、小平ではまったく対照的に、学区域内の地域住民が学校に積極的かかわっていくコミュニティスクールを指向し、数校で実施してきている。少々乱暴に言えば、品川では公立校と地域が分離しているが、小平では両者が一体化しているということになる。この違いによってソーシャル・キャピタルの面でどう影響が見られるのかが、調査の関心の的となった。

両自治体の細かな比較はともかくとして、結果として見えたものは以下のようなものである。

▼他人を頼りにする人ほど他人を信頼する傾向があると言える
▼近所や家族を頼りにする度合いが高いほど、日常生活満足度が高くなる
▼ある機関を頼りにする人は他の機関を頼りにし、家族を頼りにする人は友人も頼りにするという傾向がみられる

▼所得が高い人のほうが日常生活満足度が高く、一般の人への信頼度も高い
▼つきあいの人数がそれなりであっても、生活に支障のない社会関係が形成されていれば、日常生活満足度はそれなりに高いと考えられる

論文「地域ネットワークとソーシャル・キャピタル――小平市及び品川区の調査から――白梅学園大学・短期大学＝森山千賀子・瀧口優・草野篤子・瀧口眞央・吉村季織、2011年」より。


調査に参加した同大学の瀧口優教授は、この結果をこう総括し、「西ネット」の意義を力説する。

「『人間関係を強く持っている人ほど人間への信頼を高く持っており、人間への信頼を持つ人ほど幸福感を強く感じている』とはっきり示されたと言えます。だからこそ、日常的に人々が接する場である地域の中で、人と人の結びつきをしっかりと築く必要があるのです。特に、子どもたちにとっては、地域こそが活動の場所ですから、そこでソーシャル・キャピタルを得られるかどうかが、人格形成の上でも重要だと考えられます」

ちなみに、先の調査における論文では、そのまとめの項で、パットナムの言葉を引用し、「人々の地域への参加による横のつながり、すなわち『水平的ネットワークが密になるほど市民は相互利益に向けて幅広く協力する』」と結んでいる。これを本書のテーマに当てはめれば、地域の横のつながりが密にあるほど市政に関心を持ちかかわっていくようになる、と言えるかもしれない。

こうなると問題はそのネットワークをどのように作っていくか、ということになるが、この小平西部の取り組みが興味深いのは、「100～200メートル四方」という驚くほど狭いエリアでのコミュ

ニティづくりをしているところにある。瀧口教授はその意図を「子どもや高齢者はそんなに遠くまで動きません。100メートルというのは、現実的な数値設定なのです」と説明する。

ちなみに100メートル四方を地図に落とすと、小平西部エリアの住宅密集度では、一戸建て住宅で100軒程度が含まれることになる。たった100軒ですら、住民全員の顔と名前が分かるかと言われれば、これに自信を持ってイエスと答えられる人はそうはいないだろう。そう考えると、100メートル四方というのは、狭いように見えて、実はそうではない。ある意味、ここまでエリアをぐっと狭めて実践しているところに、この取り組みの本気度がある。

ある日はボランティア、ある日は利用者の関係

さて、一方の地域住民の側の事情も見ておこう。「さつき」が開設されたのは、「西ネット」の中の第4ブロックという地域だが、このブロックの世話人には、元民生委員の渡辺穂積が就いた。渡辺は現在は老人クラブ（以下、高齢者クラブ）でも活動しているが、会員増加に貢献したとして、全国老人クラブ連合会から表彰されたこともある人物である。人を巻き込むのが上手なのだろう。「さつき」においても常に左右に気を配り、気さくに人に話しかけ、場を盛り上げる。見ていて、世話人としてこれ以上にふさわしい人物はいないように思われた。

そのような渡辺だから、高齢者クラブの活動においても、その方針の「健康、友愛、奉仕」にそって友愛訪問――つまり、外出できない高齢者の家を訪ね、元気でいるかの確認などをしていたのだが、

その活動を通して「訪問だけでは足りないのではないか」との思いを強くしていったのだという。

民生委員、高齢者クラブで活躍していた渡辺は顔が広く、同じように活動するメンバーと話し合ううちに、いつしか、地域の中でどこか自由に使える交流の場が必要ではないだろうかと望むようになっていった。そうした中で「西ネット」の活動とも接点が生まれ、同じ方向性を持つ学園と認識の共有化を図りながら、「さつき」の開設にこぎつけた。実を言えば、「さつき」の物件も、高齢者クラブのメンバーのツテで探し出したものであり、破格の条件で借りている。もともとあるネットワークをさらに発展させた好例と言えるだろう。

その運営の目的として掲げるのは「高齢者・障がい者に対する支援」「子育て・介護者に対する支援」「世代間交流の促進」の3つ。これを実践していくうえで最も重視するポイントは、「ゆるやかさ」だという。渡辺は「ここでは『ごめんなさい』『すみません』は禁句だよ、とよく私は言っているんです。その気持ちを持つことは大事だけど、自由に、和やかにやろうよ、と。ここでは成人の利用者はお茶代として1日100円を出してもらっているのだけど、来場者数と金額が合わなくても無理に追及したりはしないようにしています。認知症の人だっているわけですから。そういうゆるやかな雰囲気づくりが大切だと思います」と話す。

開設から1年半ほど過ぎた2014年夏、「さつき」を訪ねた。

午前10時から午後3時まで滞在したが、特に午後は、次々と人々が顔を見せていった。コーヒーに凝っているという夫妻が豆を持って現れ、20人ほどいた全員にコーヒーをふるまう一幕もあった。月に一度くらいのペースでそのようにしているという。また、30歳になるという男性の大学院生も訪ねてきて、シニア世代の面々にあれこれと世話されていた。状況を知らずにここだけ見れば、親戚の集いのようにも錯覚された。昼にはそれぞれが持ち寄った食材を大皿にあけ、全員で席を囲んで食事を取った。青菜のおひたしや和え物、ウインナー、唐揚げ、肉巻き、おこわ、焼きたてのパンなど15品以上あり、なかなか豪華な昼食だった。食後には、コーヒーと焼菓子も出た。

一緒に昼食を囲んだのはシニア世代が10人ほどで、男女比はほぼ半々。なぜここに来るのかを話題にしたところ、シニア世代の現実を思い知らされる答えが幾つも聞けた。70歳を越えたという女性はこう話した。

「夫が亡くなり、子どもたちもそれぞれ独立していますから、いまは一人で暮らしています。一人だと、話す機会もないんですね。ともすると、一日中、一言も話さないこともあります。私はボランティアメンバーとして『さつき』にかかわっていますが、何かをしてあげているというのではなく、私のほうがここに来させていただいているという思いです。

ボランティアの担当でない日は、利用者としてここに顔を出しています。ここに来れば誰かがいますし、同じ世代の人も、時には孫のような子どもたちもいるので、いろいろな話ができて本当に楽しいです」

一人で暮らしている、という人はほかにも数人いた。彼らはそれぞれに、高齢者クラブや、地域活動、NPO活動などに参加しているようだったが、それとは別に、「さつき」に居心地の良さを感じている様子だった。堅苦しさがないことがやはり魅力なのだろう。何時に集まって、全員で活動をして、次の予定を立てて……といった縛られた感じが「さつき」にはない。ふらっと来て、おしゃべりをして、すっと帰っていく。半日過ごしただけだったが、地域の中の居場所というものの意義を垣間見たように思った。

サザエさん社会からドラえもん社会へ

こうしたコミュニティ・サロンについては、「西ネット」内でももっと増やしていくことが期待されている。2つめの開設の目処はすでについているとのことでもあった。コミュニティ・サロンの意義について、「さつき」の世話人でもあり、「西ネット」の立ち上げからかかわっている白梅学園大学子ども学部家族・地域支援学科の森山千賀子教授は「人々が交流できる場所を一つでも多く増やすことが重要」と話す。

「こうした交流拠点や交流イベントをいくら設けても、そこに出てこない人がいるということが常に課題になります。出てくる人は黙っていても参加してきますが、そうでない人はどんどん孤立してしまう。しかし、それなら拠点づくりやイベント開催は最低限で良いかというとまったく逆で、参加してこない人がいるからこそ、その機会は多ければ多いのだと考えています。

当学園学長の汐見先生がよくおっしゃることですが、現代の家族のあり方は、かつてのサザエさんからドラえもんに変わっていったと言えるのですね。かつては三世代同居が普通でしたし、親戚や近所の方との交流も盛んにありました。サザエさんでは、家族のほかに、ノリスケさんとか、お隣の伊佐坂先生などが出てきますよね。ところが、ドラえもんでは、のび太は一人っ子ですし、個室で多くの時間を過ごしています。ご近所の方など出てきません。

こうしたライフスタイルの変化が、人々の交流の面で大きく影響しています。単純に見ても、家族の人数が多ければ、それぞれの交流がありますから、訪ねてくる人の数も増えますよね。その世代も幅広いものになります。それによって、自然と異世代交流が進むわけです。

しかし、家族の構成人数が少なくなれば、黙っていたら、外部との交流は一向に増えません。特に世代間交流は進まない。だからこそ、現代は、意識して地域交流を図らないといけないのです。

そのときに、もともとの交流の幅が狭いのですから、交流の機会を増やしていかなければ進展は見られません。いくら拠点やイベントを増やしても、なかなか一人では行きにくいものです。そこで誰かが誘ってくれると、一歩を踏み出しやすくなります。つまり、いくら情報発信をしても、行動を起こす場面では、やはり人のつながりが一番強いのです。ですから、機会を増やし、ちょっとずつ人々がつながっていくということをやっていくしかないと思います」

異世代交流とコミュニティ・サロンという観点で見ると、「さつき」の場合、その開設に至る経緯が「入り口は違って、出口は同じ」というように感じられ、面白い。学園側はどちらかといえば子育ての観点から地域交流の再構築に着手していったわけだが、地域住民の側は、高齢者福祉や孤立化防止の観点から、同じ結論に達していった。地域交流が万能だとは思わないが、それが希薄になることでどのような弊害が出るかということはすでに自明と言っていいのだろう。

実を言うとこのような結論は、私にはあまり愉快なものではない。地域紙を作りながら「まちづくり」の取り組みを幾つも見てきたが、私は長い間、地域コミュニティに期待することにずっと懐疑心を持っていた。その効果や大切さは理解できるが、現実には濃密なコミュニティを再構築することなどできるとは思えなかったからだ。

3・11後にはしきりと「絆」が叫ばれたが、そのときに私が主宰する地域紙で地元の自主防災組織結成率を調べたところ、小平は22・60％、東久留米は約19％という結果だった。自治会の加入率の低下は以前から指摘されており、東久留米の自治会加入率は4割程度と半数を切っている。さらに、先に指摘したように、中間組織はどんどん弱体化している。神社の氏子会や商店会についても本書で触れてきた。昨今はＮＰＯなどにかかわる市民が増えてはいるが、こうした活動については、参加する人とまったく関係を持たない人との二極化がはっきりしている。

「オンブズマン」のメンバーの言葉をもう一度引っ張り出せば、3・11という大きなショックがあっても何も変わってはいない。いくら絆を叫んだところで、地域コミュニティが発展していっているわけではない。

この原稿を書いていた2014年夏、西東京市で、中学2年生男子が継父の虐待（暴力）に追いつめられ、自室で自死する事件が起こっている。この事件による地域の衝撃は大きく、当社の地域紙で特集を組んだ際にも、読者から多くの声が寄せられた。その際、地元に暮らす子育て関連の大学講師らの声もまとめたが、そこで指摘されたのは、やはり地域コミュニティだった。いわく、近所の人が気づかなかったのか、男子が地元で気軽に相談できる異年齢の相手はいなかったのか、地域の中に男子の逃げ場はなかったのか、母親にとって相談できる場はなかったのだろうか……。

いずれも正論ではあるが、この問題の深刻さは、地域ですでに取り組みが行なわれている中で起こったということにある。

実は西東京市では、2002年に立て続けに孤独死が発見されたのを機に、特に社会福祉協議会を中心にして、地域見守りのシステムづくりや市民への啓発を行なってきていた。国全体で取り組まれている「ふれあいのまちづくり事業」においては、学区域単位で住民懇談会を作り、それぞれにイベントや交流会を開くなど、日常的な住民交流を図ってきている。また、モデル地区を設けるなどして、住民が地域の高齢者を見守り、異変に早期に気づいていこうという試みを幾重にもわたって行なってきていた。さらに言えば――、これはやや蛇足ではあるが、男子の自死の直前には岡山県での女児誘拐や長崎県佐世保市で女子高生が同級生を殺害するという事件が起き、ワイドショーをはじめメディアでは、盛んに地域で子どもを見守ろうと語られていた最中だった。

そうした中でも事件は起こった。虐待の暴力がもの静かに行なわれていたとは想像しがたい。近所の人々がかかわらなかったのは、日ごろの交流がなかったからにほかなるまい。

100メートル四方からの働きかけ

こうした状況を見るにつけ、私は地域コミュニティに多くを期待することに共感できずにいたのだが、それでも、「100メートル四方の顔の見える関係づくり」を取材していくなかで、「もしかしたらこのやり方ならうまくいくのではないか」と可能性を感じるようになった。

まず、ゆるやかにつながろうとしているところがいい。「自治会」や「懇談会」などとなると急に堅苦しくなるが、地域住民が気軽に参加できる場なら、活性が期待できるだろう。自治会加入率が低い理由の一つには、規約にしたがうことや会費を払うことを厭う心情があるが、自由参加のゆるやかなつながりにはそれはない。

また、子どもと高齢者に主眼を置いているところもいい。結局のところ、地域でいちばん長い時間を過ごしているのは彼らなのだ。彼らが媒介になることによって、そこから現役世代の交流が深まることも期待できる。いきなり現役世代を取り込もうとするよりも、子ども同士の親交、子どもと高齢者とのつながりに期待するほうがはるかに現実的だ。日曜日に子どもを連れて近所の公園に行ったら、そこにいた高齢者と我が子が楽しげに話し出す。そこから、その父母が「ウチの子がお世話になっているんですね」と高齢者と交流を持つようになる。そして、以降、道ですれ違うたびに、大人同士があいさつを交わすようになる——。そんな光景が想像できる。

人々の交流が盛んになれば、地域情報についても共有されやすくなるという面も大きい。結局、情報は人を介して広がっていく。たとえば前述の「さつき」のケースでいえば、ここに顔を出すメンバーには、被災地支援を継続して行なっている人や、市の審議会委員、民生委員などが複数含まれている。彼らが最新の情報を持ち寄ってくる。それによって、何気ない会話の中で、市の新しいトピックや町の異変、共通の知人の近況などが語られる。地域の情報はメディアなどからはなかなか入ってこないだけに、こうした人のつながりがあるメリットは大きい。

実際、住民投票の件に話を戻すと、小平であの運動が発展したのも、環境保護活動などにかかわる市民が多かったことが下地になっている。もともとあった人間関係がベースになって、運動が広がっていった形だ。そのような成熟した地域コミュニティがあれば、市政に対して働きかけることも容易になるし、問題に直面しても、話し合い、支え合うことができる。

國分の言葉を借りれば、何かに関心を持ったときには「希望」と「不安」が付きものになるが、一人では抱えきれなくても、誰かと共有していくことで力に変えることができる。市政に関心を持ったときにも、一人なら「どうせ何を言っても無駄だ」となるかもしれないが、誰かとつながりを持てたなら「働きかけてみよう」という行動につながることになるかもしれない。

「小さな枠組み」からの体質改善

しかし、何よりこの取り組みに可能性を感じるのは、パラダイムを見事に転換しているところにある。繰り返すが私たちは、政権交代という、「大きな枠組み」から国を変えようという手段に失敗をした。もう一度それにチャレンジすることも一手とは思うが、残念ながら、すぐにその担い手となれる政党が見当たらない。次の政権交代までには、しばし時間を要することだろう。

同じ時間を要するなら、目の前の「小さな枠組み」から着手するのもありではないだろうか。突拍子もないたとえかもしれないが、西洋医学に基づいた大手術がうまくいかなかったなら、漢方医学を頼りに体質改善から始めてみるのと同じようなものだ。多くの人が「どうせ政治は変わらない」という思いを強くしているだろうが、発想を変えれば、まだ手段はある。

それが本当に有効かどうか、私に確信があるわけではない。ただ、どうせやるなら、これ以上ないほど狭いエリアに絞ったほうが有意義だろう。実は先のインタビューで國分も「市とか言われても、住民にとっては大きすぎるんですよ。イメージできないんです」と指摘していた。我々メディアにかかわる者や、行政関係者は、どうしても市区町村という単位で発想する。しかし、現実にはほとんどの市民は、日常的に使う最寄駅周辺や子どもの学区域程度にしか関心を向けない。

前に取材したことのある、地域のノラ猫を救おうと活動していた女性の言葉を思い出す。彼女は地域のノラ猫に毎日エサをやり、成猫をつかまえては去勢・避妊手術をし、町の美化に気を配りながら少しでもノラ猫が減っていくようにと取り組んでいた。その一方で、自然保護運動や地域活性化への取り組みにも参加していた。本業を別に持っている忙しい身であったが、地域活動に取り組む理由をこう話していた。

「最初はネコから始まったのだけど、ネコを通して、地域のいろいろな問題が見えてきたのよ。ネコの居場所となる空き地や林が減っていることや、ごみの投げ捨てや、動物虐待とか無責任な飼い主のこととか。そういうのは教育の問題でもあるし、動物が飼えなくなる人の中には、独居のご老人が病気をしてやむなく、というケースもある。つまり、核家族とか、高齢化とか、そういう問題も見えてくる。一つのことをじっと見ると、いろいろつながって、広がっていくのよね」

こういう、つながりと広がりが、いま私たちに必要なものではないだろうか。目の前のものをじっと見つめ、身のまわりの、手が届く範囲での関係を強化していけば、そこから、無限に関心が広がっていく。市政も国政も世界情勢も、すべて自分にかかわるものとして実感を伴っていく。

個人にとって本当に大切なものは、メディアを通した大ニュースではなく、自身に起こる目の前の出来事のはずだ。芸能人やスポーツ選手よりも、近所に住む人々のほうがずっと知るべき人物のはずである。

私たちはいま改めて、その当たり前のことを見直すところから始めてみてはどうだろうか。

報道の章　エピローグとして

最後に、報道について少し触れたい。

市政に関する報道の貧困さは、今さら言うまでもない。昨今ではウェブサイトやSNSに過剰な期待が寄せられているが、客観報道という点で質の高いものを求めるとすれば、やはり従来通りの新聞に頼ることになる。だが、新聞の購読者数は減り続けている。

私が主宰しているような地域情報紙も一定の役割を担えるものだろうが、地域情報紙の置かれている状況は、新聞以上に深刻だ。大半の地域情報紙は広告で収入を得ているが、地域経済が縮小するなか、スポンサーは減り続けている。次々と創刊されるなど地域情報紙が隆盛を誇った20年前、30年前に比べると、価値観や嗜好も多様化しており、反響が出にくい状況もある。東久留米では、かつて、タブロイド判の『アサヒタウンズ』『ウエストタウンズ』『東久留米新聞』『しみん』、さらには「ふるさとを創る会」が発行していた冊子型の『くろめがわ』などが発行されていたが、どれもこの約10年の間に休刊となっている。

こうしたメディアがやせ細っていく最大の問題は、定点観測がされなくなるということにある。珍しい事象があれば、大手メディアやSNSは一斉に目を向けるが、進行中の重要な審議についてや、人々の小さな、しかし意味のある営みは隅に追いやられていってしまう。情報発信がこのような状況になっていけば、ますます人々は市政に無関心になっていくだろう。

大手メディアが分かりやすい事象だけを追いかけるというのは、本書で紹介した「事件」を振り返ってみても明らかだ。小平の住民投票については、都内で初めての住民投票となったことや國分功一郎の発信力もあり、テレビ・ラジオ、新聞、雑誌、ウェブサイトとさまざまなメディアで取り上げられ、多くの人が知ることになった。

しかし一方で、ほぼ同じ時期にすぐ隣の東久留米で行なわれていた、通年予算の専決処分については、ほとんどメディアでは取り上げられていない。その専決処分を議会が2対19で不承認としたことについては、私の知る限りでは、2014年通年予算の成立を報道する毎日新聞の300字程度の記事の中で、「4回連続で否決され、昨年末に馬場市長が専決処分とした今年度当初予算案について、議会は不承認とした。専決処分の効力に影響はない」とわずかに触れられただけである。

率直に言って、私には、住民投票の問題と同等に、388億円もの通年予算が議会の承認を得られない専決処分によって確定したことは大問題に思える。住民投票について一部の新聞では、「これが本当の住民自治」「地域主権」などの言葉を使い、明るい論調で1面や社説を飾っていたが、住民自治や地域主権という観点でいえば、予算専決処分のほうがよほど考えるべきものではなかっただろうか。

だが、予算の専決処分などという話は、地味で分かりにくい。それよりも、481本の樹木を伐採して都道を通す、ということのほうが読者の正義感を刺激するのは明白だ。こうやって人々は、面倒な、しかし考えるべきことから目を背けていくのだろう。

東久留米の「オンブズマン」では、年に数回、A4判・2〜4ページの発行物を300部程度発行しているが、反響はまったくないという。予算専決処分のときには駅前に立ち手配りもしたが、受け取る人はほとんどいなかった。

こうした話を聞く限り、地域情報を硬派に扱うのは、有志による非営利活動でしか行なえないという実感を抱く。しかしそれでは、継続が難しい。広告で成り立つ地域情報紙が地元レストランなどの軽い話題に特化していくのは、現実路線のやむを得ないものだと思われる。

新聞購読者は減り、地域情報紙の経営は苦しく、多くの地域情報が飲食店や行楽情報に偏っていくとなれば、どのようにして、市政情報が地域の人々に的確に伝わっていくのだろうか。想像がわかず、暗澹たる思いがする。自治体の広報誌があると言う人もいるが、広報誌はあくまで広報に過ぎない。

私自身、自分が地域情報紙を発行する立場として、これから先のメディアのあり方を模索しているところである。安定して存続し、質の高い記事を出し続けるのは容易なことではない。答えはまだ見つからない。

あとがき

累計200万部を超えるロングセラー『おしいれのぼうけん』（童心社、田畑精一共作）などで知られる児童文学者、古田足日《たるひ》さんにお会いしたのは、2013年6月のこと。東久留米市にあるご自宅にお邪魔した。お亡くなりになるちょうど1年前になる。

この日、主に古田さんがお話になったのは、昨今の日本の世相への批判と戦争を繰り返してはいけないという強い思いだった。古田さんは、「日本は『こうされた』という被害者意識ばかりで平和運動をしている。だから最後は『こんなに悲惨だから戦争をやめよう』と単純化されてしまう。そうではなく『体験の思想化』が必要なのだ」と語り、平和運動で本当に必要なことは、何をしたのかという加害体験も含めて「その先に何があるのか」を探ること、戦争というものの本質に迫ることだ、と口にされた。

あるいはピントはずれの認識かもしれないが、この指摘は、平和運動以外においても当てはまるように思う。私たちは、行政が行なうサービスをほとんど無感動のまま受け取り、同時に、行政が切り捨てるものについても、瞬間的な不平不満こそあれ、その不利益についてすぐに忘れてしまう。そこに主権者としての意識はまったくない。どこまでも受け手に徹し、「される」こと、あるいは「する」

ことの先に何があるのか、その本質を考えようとしない。だから日本の民主主義はことさら脆弱で、それは先の総選挙（２０１４年12月衆議院選挙）のような結果に表れる。集団的自衛権の行使容認、武器三原則の緩和、特定秘密保護法の施行、原発再稼働、憲法改正への野心……。戦後の日本が自身の「この道」として定めてきたはずの平和主義が揺らぎ始めているにもかかわらず、それらはほとんど問われることなく、目先の経済が争点と設定され、約52％の投票率により政権への信認が果たされてしまう。古田さんの言う「体験の思想化」を欠いているからではないか。

本書で紹介した東久留米市民オンブズマン・メンバーの語った「原発事故があり、変わるチャンスだった」という言葉ではないが、確かに私たちはいま、改めて、どういう国・社会・地域を理想とすべきかきちんと向き合い、それに合わせて思想を強化し、行動していくべき時にあるように思う。

しかし、現実の社会、政治は、目先の状況に合わせて行動するようになっている。本書で見てきた例でいえば、たとえば、幼稚園の廃止や保育園民営化が分かりやすい。本来なら、（多くの保護者がそう望んだように）、子どもや保護者にとってどうあるのがいちばん良いかを定めたうえで、それに近付くための施策を行なっていくべきだろう。しかし全ては、財政難や待機児童解消のためという「現実」が優先し、「思想」は後付けになる。

思想、あるいは理念がないがしろにされたとき、何が起こるかといえば、それは無個性化になる。「現実」に合わせて自身の身の処し方を決するのだから、そこから個性が失われていくのは自明のことだ。

実は古田さんはインタビューの際、「東久留米に暮らしたことは創作に大きな影響があった」と話してくださった。古田さんは30代後半から東久留米に暮らしているのだが、その真意は興味深い。古田さんは、こんなふうに語られた。

「町が変わっていく様子をつぶさに見ることができ、自然が壊され、空き地なども減っていくなかで子どもたちがどう遊び行動するのかを間近にすることもできました。それは『東久留米だから』ということでなく、発展途上にある『郊外都市』を見るという意味で、多くを得られたと思っています」

都心への人口集中の受け皿となった郊外都市は、市境こそあるものの、どこも似たような町を作った。急激に、人工的に作られた町の宿命であったのだろう。

そのような状況のなかで、あの名作、『おしいれのぼうけん』が生まれた。この保育園（さくら保育園）のモデルは、西東京市そよかぜ保育園である。古田さんが、はっきりそう口にされている。

それは、他所と区別をしにくい町に生まれた、紛れもない一つの個性だったはずだ。だが、そよかぜ保育園は2011年に民営化され、建物自体も一新されている。本来の保育業務を考えれば、それは必要な措置だったのかもしれない。しかし、唯一無二の、という意味では、文化として残せたはずのものを失うことになった。こうして、効率化の中で文化は死んでいく。町はますます無個性になっていく。

主体性と無個性についてもう少し書きたい。私は東久留米市・小平市・西東京市を中心に地域情報紙を定期発行しているのだが、東日本大震災が起きた直後、2011年4月6日の発行号で、地域の放射線量を独自に測定し、報道した。反響は凄まじかった。朝から電話が鳴り続け、賞賛と批判がほぼ半々で寄せられた。賞賛は「よくぞ計測した」というもので、当時は週刊誌を含めて他紙のどこも地域密着の放射線量を報道していなかったということがある。批判のほうは「風評被害を助長するのか」という声がほとんどだった。

この批判の声の中に、実は一件、行政職員からのものがあった。職員は「こういう報道は迷惑です」と言った。健康に関係する部署の職員であったようだ。職員は続けて、「朝から、『なぜ市が測定しないのか』という市民の電話が続いていて困っています」とあたかもこちらの責任であるかのように非難してきた。だが、私たちは報道前に、各市に独自測定の予定がないのかを確認し、「都が行なっているから独自には行なわない」という答えも得ている。

「なぜ市が測定しないかを問われたなら、都が行なっているからとお答えになればよろしいじゃないですか」

そのような押し問答が若干あった。

今振り返っても、その回答こそが全てではないかと思う。市が「都が計測しているから、独自には行なわない」と固く決めたなら、そのように貫くべきだ。市民に何を言われようと動じることなどない。逆に、市民の声を聞く余地を持っているのなら、そのような対応を初めからするべきだろう。

ところが、電話で抗議してくるほどかたくなだったにもかかわらず、その市は3カ月後、市で独自に測定を始めることになった。市民の声の高まりもあるが、それよりも大きな要因となったのは、他市が続々と独自測定を始めていったことにある。他市に遅れまいと、思想も理念もなく、事業に着手したのである。

健康被害を真剣に心配した市民に対してでさえこのように自治体が横並びの発想をしていくなかでは、その市らしい町を作っていくというのは至難の業と思われる。しかしそれをしなければ、本書で見てきたように、町への愛着が薄れ、市民不在、人任せの地域行政が行なわれていくことになる。その行き着く先は、共同体意識に乏しい、契約社会になっているのだろう。

個性ある町づくりを行政に期待しにくいのならば、市民が自ら取り組んでいくしかない。個性ある町が各地に作られていくことは多様性のある社会を作ることであり、勝ち・負けという価値観を排除した、多くの人の居場所を作ることでもある。少しでも居心地のよい社会を築くために、私たちは自ら汗をかかなければならないのだと思う。

最後に、この場を借りて、取材に応じてくださったすべての方々にお礼を申し上げたい。みなさん、真摯にご見解、お気持ちをお話くださった。立場は違えども、それぞれが問題意識を持っている証左だと思う。

ただ一方で、取材には心残りもある。本来であれば「職員の章」を設けるべきであったが、実は職員とは誰一人ともまともに会うことができなかった。取材依頼の過程では、「私どもは補助職員（事務屋）に過ぎません」として取材を拒否するメールを受け取ったこともある。庁内会議で政策を決め、予算案のベースを作っていく職員が「単なる事務屋」であるはずなどないのだが、彼らは「補助職員」を盾に顔を見せず、淡々と市政を進めていく。東久留米市議会がこれだけ機能不全に陥っても市政が滞りなく進んだことを、頼もしくも恐ろしくも感じている。

ところで、本書の完成は、ころから株式会社の木瀬貴吉社長の力に負うところが大きかった。構成や言い回しなど、木瀬社長のアイデアやアドバイスがなければ、この原稿をまとめることは難しかった。特に、本書のタイトルを『議会は踊る、されど進む～民主主義の崩壊と再生』と発案くださったのは素晴らしかった。私にはとうてい思いつかない、しかし、私の思いを完璧に反映するタイトル案だった。

多くの方のご支援とご協力によって本書は誕生した。ささやかでも何かが読者の心に残ったならうれしい。

２０１５年立春　谷　隆一

【取材及び議事録の転記について】

匿名希望者もいるため、取材した人々を列記するわけにはいかないが、取材について幾つか補足しておきたい。

まず馬場一彦元東久留米市長への取材だが、２０１４年１月に会ったのを最後に、その後は面会していない。議員への取材を一通り終えたところで馬場元市長の主張をもう一度聞こうと６月末に一度事務所に連絡を取ったが、

「連絡をして、電話させるようにします」とスタッフからの返答があったきり、連絡は来なかった。ただし、当方が不在だった可能性もある。

いずれにせよ、それ以上は追いかけなかった。当人が「議会などでそのつど説明してきている」と話していたので、議事録、新聞記事などに基づいて本書を構成した。

次に、その後任となった並木克巳現東久留米市長への取材だが、秘書広報課を通して企画書を添え取材依頼をしたが、翌日に「取材には応じられない」との返答があった。なお、同時に永田昇副市長（馬場市政では3年半にわたって教育長）にも取材依頼をしたが、同じく拒否されている。

議員については、馬場市政の4年間を丸々務めた議員14人にインタビューの依頼をした。篠宮正明（自民系）、野島武夫（同）、細谷祥子（同）、阿部利恵子（公明）、沢田孝康（同）、津田忠広（同）、梶井琢太（民主系）、富田竜馬（同）、篠原重信（共産系）、原紀子（同）、桜木善生（社民系）、白石玲子（一人会派）、間宮美季（一人会派）、宮川豊史（一人会派）の14人である（敬称略）。このうち公明党の阿部議員、津田議員の両名は、会派代表の沢田議員が回答するということで、面会がかなわなかった。また、細谷議員（自民）も「会派代表が答えているから私が特に話すことはない」として、面会はしていない。電話での簡単な質問には応じていただいている。原議員（共産）とは、面会して話も伺ったが、馬場元市長を支援した「あたたかい市政をつくるみんなの会」の一員として他の市民と一緒に会っている。

職員への取材については、前述のとおり、誰一人とも会うことはかなわなかった。伝聞も含め、非公式に得た情報は幾つかあるが、ごく一部を除き、本書には反映していない。

市民（市民団体）への取材についての詳細は割愛する。

最後に、文中で掲載した議事録について補足しておく。文中で「編集せずに記載」と注釈をしていない限り、議事における発言は文意を変えない範囲で読みやすいように編集を加えている。正確な発言を知りたい場合は、東久留米市と小平市については、各市のホームページから議事録が読めるので覗いていただきたい。なお、狛江市の委員会の発言は、議会事務局を通して議事録を閲覧した。

谷 隆一 たに・りゅういち

1974年生まれ、東洋大学社会学部卒業後、広告代理店勤務、地域紙記者を経て、2008年に地域紙「タウン通信」（週刊、約10万部）を創刊。2011年に法人化し、株式会社タウン通信代表取締役就任。共著に『起業家という生き方』（ぺりかん社）。なお、地域情報はウェブサイトでも発信している（「タウン通信プラス」http://www.town-t.com）。

議会は踊る、されど進む

民主主義の崩壊と再生

2015年3月4日初版発行
定価1600円＋税

著者 谷 隆一
パブリッシャー 木瀬貴吉
イラスト なみへい
装丁 安藤順

発行 ころから

〒115-0045 東京都北区赤羽1-19-7-603
TEL 03-5939-7950 Fax 03-5939-7951
office@korocolor.com http://korocolor.com
ISBN 978-4-907239-12-1 C0036